对党忠诚　个人干净　敢于担当

撸起袖子加油干

做忠诚干净担当的好干部

LUQIXIUZI JIAYOUGAN

ZUO ZHONGCHENG GANJING DANDANG DE HAOGANBU

吴黎宏◎著

新 华 出 版 社

图书在版编目（CIP）数据

撸起袖子加油干：做忠诚干净担当的好干部 / 吴黎宏著.
——北京：新华出版社，2017.7（2025.2重印）
ISBN 978-7-5166-3355-7

Ⅰ.①撸…　Ⅱ.①吴…　Ⅲ.①中国共产党－干部教育－学习参考资料
Ⅳ.①D262.3

中国版本图书馆CIP数据核字（2017）第161076号

撸起袖子加油干：做忠诚干净担当的好干部

作　　者：吴黎宏

选题策划：赵怀志　　**责任校对：**刘保利
责任编辑：石春凤　徐文贤　　**封面设计：**臻美书装
责任印制：廖成华

出版发行：新华出版社
地　　址：北京石景山区京原路8号　　**邮　　编：**100040
网　　址：http：//www.xinhuapub.com
经　　销：新华书店、新华出版社天猫旗舰店、京东旗舰店及各大网店
购书热线：010－63077122　　**中国新闻书店购书热线：**010－63072012

照　　排：臻美书装
印　　刷：大厂回族自治县众邦印务有限公司
成品尺寸：170mm×240mm　1/16
印　　张：16.75　　**字　　数：**180千字
版　　次：2017年7月第一版　　**印　　次：**2025年2月第五次印刷
书　　号：ISBN　978-7-5166-3355-7
定　　价：36.00元

序 言

好干部的标准，从大的方面说就是德才兼备。同时，好干部的标准又是具体的、历史的。不同历史时期，对干部德才的具体要求又有所不同。革命战争年代，对党忠诚、英勇善战、不怕牺牲的干部，就是好干部。社会主义革命和建设时期，懂政治、懂业务、又红又专的干部，就是好干部。改革开放初期，拥护党的十一届三中全会确定的路线方针政策，有知识、懂专业、锐意改革的干部，就是好干部。

在全面建成小康社会进入决定性阶段、改革进入攻坚期和深水区的今天，我们则需要建设一支适应“新的历史特点”的好干部队伍，为实现“两个一百年”奋斗目标和中华民族伟大复兴中国梦提供坚强组织保证。在 2013 年全国组织工作会议上，习近平总书记明确提出了“信念坚定、为民服务、勤政务实、敢于担当、清正廉洁”的好干部标准，赋予了好干部新的时代内涵，是新时期干部的实践准则和奋斗方向。

同时，在不同场合，习近平对不同战线、不同领域的好干部也提出过具体要求。2014 年 10 月，习近平对云南工作作出重要指示，要求党员干部要“对党忠诚、个人干净、敢于担当”。2016年6月，在中共中央政治局第三十三次集体学习时，习近平强调“坚持正确用人导向，真正让那些忠诚、干净、担当的干部得到褒奖和重用，让那些阳奉阴违、阿谀逢迎、弄虚作假、不干实事、会跑会要的干部没市场、受惩戒”。“忠诚、干净、担当”这三个词是对好干部标准的高度概括和朴素表达，为加强新时期干部队伍建设指明了方向。

忠诚，是党员的“身份证”，是党性的集中体现，是党员干部的为政之魂，是永不褪色、历久弥新的本色。“天下至德，莫大于忠”。忠诚是构成一个政党、一个团体、一个组织凝聚力、战斗力的前提和基础，是一个政党生存和发展的灵魂。党员干部必须坚守对党忠诚这条“生命线”，挺起理想信念这个“主心骨”，牢固树立政治意识、大局意识、核心意识、看齐意识，坚定正确的政治方向，始终对党忠诚，任何时候都与党同心同德。

干净，是党员干部保持清正廉洁必须坚守的底线，也是党员干部保持党的先进性和纯洁性、保持党与人民群众血肉联系的客观要求。“廉者，政之本也。”古往今来，清正廉洁是一种重要的从政品德和政治伦理，是从政者的为政之本。党员干部要坚守干净这一立身之本，把干净作为修身做人的行为准则和为官用权的警世箴言，时刻保持自我警醒、自我教育、自我约束，做到慎初、慎独、慎微、慎情，清清白白做人、干干净净做事、坦坦荡荡为官。

担当，是党员干部的成事之要，担当大小，体现着干部的胸怀、勇气、格调，有多大担当才能干多大事业。“大事难事看担当，顺境逆境看襟度”。习近平指出：“权力的行使与责任的担当紧密相连，有权必有责。看一个领导干部，很重要的是看其有没有责任感，有没有担当精神。”这就要求党员干部摒弃“庸官懒政”的思想行为，树立具有勇于干事、敢于担责的境界，遇到难题敢于闯敢于试，遇到矛盾敢于迎着上，碰到危险敢于站出来，面对失误敢于担责任，看到不正之风敢于做斗争，真正做到敢于担当、勇于担当、善于担当。

当然，一个干部好不好，关键要看作为、看行动，看是否肯干事、能干事、干成事。“空谈误国，实干兴邦”，“不干，半点马克思主义也没有”。社会主义现代化建设的新成就是干出来的，社会主义中国正是在实干中呈现出历史性新面貌。实践表明，任何伟大的事业，都始于梦想而成于实干。党和人民的事业需要一大批想干事、肯干事、能干事、干成事、不出事的好干部。

“大家撸起袖子加油干”。习近平 2017 年新年贺词中的这句话，形象生动、温暖人心、催人奋进，立刻成为人们热议的话题。党员干部是时代先锋，理应首先读懂其中的意蕴，内化于心、外化于行，带头撸起袖子加油干。只有这样，才能在全社会形成百舸争流、千帆竞发的生动局面，推动党和人民的事业不断向前发展。

常言道：“喊破嗓子不如甩开膀子”。撸起袖子加油干，是品质更是行动。党员干部贵在“实干”，否则，就会沦为“公堂木偶”。干一寸胜过说一尺。优秀的党员干部，既要干净，也要干事。不廉无以立身，不勤无以成事。党员干部光有想法是不行的，还要立足实践、付诸行动，在实践中锤炼品质，在实干中成就事业，用行动体现一个新时代好干部的形象。

本书结构简洁，条理清晰，一目了然；文风清新朴实，简练晓畅，便于阅读。本书每节前面都有名人名言，正文里面也穿插了一些案例故事，既讲道理又摆事实，富有真知灼见，常有会心之得，掩卷而思，回味无穷，富有启迪，具有较强的思想性、政治性、针对性和可读性，倾注了作者大量的心血和智慧，堪称是党员干部自我修炼的“心学”，对党员干部修心炼德、干事创业具有较强的参考意义，是一本可以放在床头案上常读常新的好书卷。

目 录 CONTENTS

第一章

树立坚定的信仰

信仰是一个人的“总开关”，是管人一辈子的总愿景和总蓝图，控制着人的思想和行为，统率人的灵魂，是人的重要精神支柱。正是坚定的信仰，让血肉之躯拥有了超越艰难险阻的力量；也正是忠诚的信仰，让境界因之提升、人格因之升华、事业因之兴旺。坚定信仰是最重要的党性修养，只有坚定信仰，才能实践好全心全意为人民服务的根本宗旨，才能在喧嚣中坐稳冷板凳、在纷杂中不迷失方向，始终保持共产党人的本色。

一、信仰指引方向，信仰积聚力量

没有信仰，则没有名副其实的品行和生命；没有信仰，则没有名副其实的国土。

——惠特曼

信仰，从哲学的角度来看，是人类历史上一种普遍存在的精神现象，是人类建构自我精神世界的重要方式，是人们对人生观、价值观和世界观的选择和持有。

信仰，是一种精神纽带，是一个组织或政党、一个社会或国家的成员团结奋进的精神基础和精神动力。美国诗人惠特曼说过，“没有信仰，则没有名副其实的品行和生命；没有信仰，则没有名副其实的国土”。毛泽东说过，人总是要有点精神的。没有良好精神的人，胸无大志、萎靡不振。没有自强精神的民族和国家，软弱无能，任人宰割。缺乏信仰的人，无法使正确的理想转化为有力的行动，还往往容易对已经确立的思想发生动摇。缺乏信仰的社会，将是杂乱无章、秩序混乱、是非混淆、黑白不分的社会，将是一个非常危险的社会。

不同的信仰，反映的是不同的世界观，体现的是观察事物不同的方法论。中国共产党人，正是由于选择并信仰了马克思主义，掌握了世间的真理，才产生强大的精神力量，夺得一个又一个胜利。崇高的马克思主义信仰是中国共产党人革命精神长青不衰的源泉。中国共产党的革命、建设和发展历程，就是无数革命者用理想和信仰浇铸的历程。

在革命战争年代，无数革命先烈之所以能够抛头颅、洒热血，靠的就是对共产主义理想的向往和忠诚。李大钊笃信真理不会消亡，面对敌人的绞刑架，发出了“我们深信，共产主义在世界、在中国，必然要得到光荣的胜利”的豪迈誓言；邓中夏永远坚守自己的选择，“就是把邓中夏的骨头烧成灰，邓中夏还是共产党员”；夏明翰为了追求真理不惜牺牲生命，“砍头不要紧，只要主义真”；面对刽子手的屠刀，方志敏烈士的回答是：“敌人只能砍下我们的头颅，决不能动摇我们的信仰！因为我们信仰的主义，乃是宇宙的真理！”表达了对共产主义的坚定信仰。

无数的革命先烈为了崇高理想而牺牲，如果不是把信仰看得比自己的生命更宝贵，怎能做到为革命慷慨捐躯，怎么会有惊天地、泣鬼神的壮举？正是信仰的力量支撑着革命先烈在面临生与死的考验时，毫不畏惧地做出选择。正如陈毅在《赣南游击词》中所写的：“莫怨嗟，稳脚度年华。贼子引狼输禹鼎，大军抗日渡金沙，铁树要开花。”

在社会主义建设和改革时期，之所以能够战胜各种困难，经受各种考验，取得巨大的建设成就，靠的就是中国特色社会主义事业必胜的信念。焦裕禄为了改变贫困县兰考的面貌，鞠躬尽瘁，死而后已。党的高级干部牛玉儒为了加快地区的发展呕心沥血，带病坚持工作到最后一息。孔繁森同志说过：“我从 1965 年入党以来，对共产主义信念始终没有动摇过，不管是顺利时，还是逆境中，自己都能坚定共产主义信念。”还有许许多多党员干部，像雷锋、郑培民、任长霞、杨善洲等等，之所以能够为党和人民的事业鞠躬尽瘁、死而后已，也都是因为有崇高的理想和坚定信仰的激励。

放眼全球，世界上很少有哪个政党像中国共产党这样，把公而忘私、奉献牺牲作为对党员的基本道德要求，更少有哪个政党对党员进行持续不断的党性教育。从江竹筠到董存瑞，从张思德到雷锋，从焦裕禄到杨善洲，从邓稼先到袁隆平……在国家独立、人民解放的浴血斗争中，在民族振兴、国家富强的艰辛探索中，始终有共产党员为了信念不畏牺牲，危急关头挺身而出，艰苦岁月默默奉献，为国为民披肝沥胆。回顾 90 多年的奋进历程，始终为人民而奋斗的奉献精神，体现了一个马克思主义政党的政治品格，是我们党最宝贵的思想财富。

曾经的美国驻华大使司徒雷登总结国民党失败原因时这样分析："共产党之所以成功，在很大程度上是由于其成员对它的事业抱有无私的献身精神。"

一切历史最终都是思想史。中国共产党人的这种信仰以及由信仰衍生的伟大精神，既不只是出自痛恨资本主义的道德义愤，也不只是源于向往共产主义的善良愿望，而是基于对人类社会发展规律的科学认识。让每一个人都能得到发展，社会才能真正走向繁荣，这是震古烁今的人间正道，是颠扑不破的永恒真理。它告诉我们：选择为人民而奋斗，它的生命必将永恒，它的事业必将长存。

一个政党信仰的生命力，体现在走向大地的实践中。正如邓小平所言："对马克思主义的信仰，是中国革命胜利的一种精神动力。"

作为人类全部实践的动机与目的，对个人言，信仰构成个人行为的支柱；对民族言，信仰构成凝聚民心的精神；对国家言，信仰构成国家意志的核心。一个人不能没有信仰，没有信仰的人等于没有灵魂；一个民族不能没有信仰，没有信仰的民族如同一盘散沙；一个国家不能没有信仰，没有信仰的国家不会自主强大。

回望百年中国史，几代共产党人的革命和探索，其意义不仅在于完成了救亡图存、国家富强的历史使命，更在于它用"信仰"的旗帜将中华民族空前地组织起来，为后来中国一切发展奠定了社会基础。美国学者费正清由此赞叹：历史上没有其他集团能够将亿万中国人民团结成一个政治单位；世界人口五分之一的团结，是现代人类最伟大的成就之一。

这确实是最伟大的成就。从封建专制到人民民主，从一盘散沙到团结和谐，从四分五裂到统一强大，从封闭愚昧到自信开放，从温饱不足到总体小康，从备受欺凌到重返世界舞台中央……中国共产党“全心全意为人民服务”的宗旨，前所未有地将中华民族团结成一个整体。人民共和国的旗帜下，中国从五千年王朝之“天下”，成为亿万人民之“国家”。在传统的文化认同之外，这个新型的人民共和国有了强烈的社会认同、鲜明的制度认同，这才有了亿万中国人民危难艰险之中救国的奉献和牺牲，一穷二白之上建国的探索和激情，遭遇困境之后强国的勇气和智慧，由此造就了激荡人心的历史进步、波澜壮阔的现代转型、震古烁今的发展传奇。

党的十八大报告指出，全面提高党的建设科学化水平，首先要“坚定理想信念，坚守共产党人精神追求”。对马克思主义的信仰，对社会主义和共产主义的信念，是共产党人的政治灵魂，是共产党人经受住任何考验的精神支柱，也是我们党的政治优势。坚持共产主义远大理想和中国特色社会主义共同理想，并为这个理想而奋斗，是共产党人世界观的核心内容和先进性的集中体现。有了这样的信仰，就有了立身之本，就有了追求的方向，就能够自觉地、满腔热情地为党的事业而奋斗。坚持这种信仰，就能在政治上保持无比的坚定性，就能立得稳、站得高、行得远，我们就能在困难中不灰心，在挫折前不气馁，透过各种迷雾阴霾，看到无限美好的未来。

英国作家塞缪尔·斯迈尔斯说过："能够激发灵魂的高贵与伟大的，只有虔诚的信仰。在最危险的情形下，最虔诚的信仰支撑着我们；在最严重的困难面前，也是虔诚的信仰帮助我们获得胜利。"这话道出了信仰的巨大力量。坚守信仰是一项长期的、艰苦的任务，是一辈子的事情。我们应当经常地审视和反省自己理想信念的坚定性，在长期实践中不断学习，不断提高，无论前进中出现多少曲折，征途中遇到多少艰难，都要始终不渝地为共产主义远大理想和中国特色社会主义共同理想而奋斗。

二、理想信念是根基，补足"精神之钙"

理想信念就是共产党人精神上的"钙"，没有理想信念，理想信念不坚定，精神上就会"缺钙"，就会得"软骨病"。

——习近平

理想，是人们对未来社会和自身发展的向往与追求。信念，也是人类特有的一种精神现象，是指人们在一定认识基础上确立的对某种理论主张或思想见解及理想坚信不疑，并努力身体力行的精神状态。在人的思想中，理想和信念总是相互依存的，很多情况下，理想亦是信念，信念亦是理想。理想信念是人生的灯塔，是一个人的精神支柱，也是一个政党、一个民族的精神支柱。

理想信念是一切思想行动的源头活水，是一个人、一个政党、一个民族、一个国家的重要精神支柱。正如梁启超所说的："信仰是神圣的，在一个人为一个人的元气，在一个社会为一个社会的元气。”一个人如果没有理想信念，就可能胸无大志、萎靡不振，随波逐流、碌碌无为；一个政党如果没有理想信念，就不能用共同奋斗的目标凝聚全党的智慧和力量；一个国家如果没有理想信念，就无法用明晰的国家意志来统一国民的思想；一个民族如果没有理想信念，就会成为一盘散沙甚至走向衰落。有了坚定不移的理想信念，才会有源源不断的活水。

坚定的理想信念，是党的凝聚力、战斗力的源泉，是共产党人永葆先进性的灵魂。一个社会能有机地融合在一起，形成一种共同的思想、共同的理想信念、共同的精神面貌、共同的目标和追求，才得以使这个机体健康、稳定、团结、积极向上地向前发展。所以说，理想信念是否坚定，旗帜是否鲜明，是一个政党兴衰成败的关键所在。信念坚定是党员的思想根基。坚定信念是党员干部理应具备关乎国政民生的重要品质。

道德理想是道德规范的灵魂和支柱，是统摄人们思想行为的最高价值目标和动力源泉。道德的基础是理想信念的确立。理想信念，是一个人的政治信仰和世界观、人生观、价值观在奋斗目标上的具体体现，是工作、学习、生活的根本动力，是人生的精神支柱。古人云：“三军可以夺帅，匹夫不可夺志。”远大的理想信念人生的航标，指引着人们的前进方向和道路，可以产生巨大的力量，激励人们以积极、主动、顽强的精神投身于生活、工作。

共产党员应当具有坚定而崇高的理想信念。党员有了坚定的理想信念，站位就高了，眼界就宽了，心胸就开阔了，就能坚持正确政治方向，在胜利和顺境时不骄傲不急躁，在困难和逆境时不消沉不动摇，经受住各种风险和困难考验，自觉抵御各种腐朽思想的侵蚀，永葆共产党人政治本色。

习近平同志指出，理想信念就是共产党人精神上的“钙”，没有理想信念，理想信念不坚定，精神上就会“缺钙”，就会得“软骨病”。理想信念是党员干部的政治灵魂和精神之“钙”。身体缺钙，容易腿脚抽筋、四肢乏力，这是生活常识。如果精神缺钙，人就会迷失方向，迟早会垮塌下来。党员干部精神上缺不缺钙、骨头硬朗不硬朗，直接关系着工作的状态、思路、成效、创新度。可以说，提高党员干部素质，首要的任务就是坚定理想信念。

一个人理想信念丧失了，就会失去精神支柱，迷失前进方向，缺乏奋斗动力。如果理想信念动摇了，就失去了奋发向上的思想根基。在现实生活中，确有一些人太功利、太现实了，他们只讲金钱不讲信仰，只要“实惠”不要“主义”，精神上的“钙”一点一点在流失。在他们眼里，自己的进步是重要的，事业的发展是次要的；自己的一丝付出看得比天还大，组织的任何奖掖都是天经地义……发展到极端，有的以“财色”为工作基准，有的不问苍生问鬼神、不信马列信上帝，热衷于烧香拜佛、沉迷于堪舆风水；有的政治立场不明，碰到重大问题态度暧昧、消极躲避、不敢亮剑，甚至故意模糊、存心投机；有的唯利是图、利令智昏，抱着“当官不发财，请我都不来”的不良动机，以权谋私等等。一些党员干部出这样那样的问题，实际上是理想信念动摇了，说到底是信仰迷茫、精神迷失。的确，在利益面前，在各种诱惑面前，在生死考验面前，党员干部的价值选择，根本取决于其“精神钙质”的含量。

理想信念是凝聚强大合力的精神支柱。革命战争年代，先烈们为了革命胜利和民族独立，流血牺牲，前赴后继，靠的是理想信念；和平建设时期，为了事业，艰苦奋斗，无私奉献，靠的还是理想信念；如今推进改革发展，实现伟大复兴的“中国梦”，仍然离不开坚定的理想信念。

当今，理想信念坚定，依然是党员合格的第一标准。是不是合格党员，首先要看这一条。如果信念不坚定，政治不合格，经不起风浪，扛不住考验，这样的党员能耐再大也不是党需要的合格党员。理想信念是共产党人精神上的“钙”，用理想信念铸就金刚不坏之身，才能在大是大非面前旗帜鲜明，在风浪考验面前无所畏惧，在各种诱惑面前立场坚定，在关键时刻靠得住、信得过、能放心。

胸怀远大理想、坚定崇高信念，不是天上掉下来的，它既不会与生俱来，也不会一劳永逸。身为一名共产党员，一辈子都面临着“补钙”的大课题，须臾不能放松自身的“修炼”。

坚定理想信念，要学以明志。科学信仰建立在正确的认识基础之上。对理论学习越深入、越有效，在行动上就会越自觉、越坚定。习近平同志指出：“要练就‘金刚不坏之身’，必须用科学理论武装头脑，不断培植我们的精神家园。”党员干部要把系统掌握马克思主义基本理论作为看家本领。党员干部应当要老老实实、原原本本学习马克思列宁主义、毛泽东思想特别是邓小平理论、“三个代表”重要思想、科学发展观，把理想信念建立在对科学理论的理性认同上，建立在对历史规律的正确认识上，建立在对基本国情的准确把握上。通过坚持不懈学习，学会运用马克思主义立场、观点、方法观察和解决问题，不断筑牢理想信念，做到虔诚而执着、至信而深厚。

坚定理想信念，要践行诺志。革命理想高于天。没有远大理想，不是好党员；离开现实工作而空谈远大理想，也不是合格党员。实践是检验理想信念的试金石，也是坚定理想信念最生动的课堂。邓小平强调，任何事情都是人干的。不干，半点马克思主义也没有。信仰不只是纸面上的文字，不只是口头上的声音，而是要用实实在在的行动，去实现一个又一个具体的目标。今天，衡量一个党员是否具有共产主义远大理想，是有客观标准的，那就看他能否坚持全心全意为人民服务的根本宗旨，能否吃苦在前、享受在后，能否勤奋工作、廉洁奉公，能否为理想而奋不顾身地拼搏、去奋斗、去献出自己的全部精力乃至生命。优秀党员要在胸怀最高理想、坚定理想信念的同时，还要立定脚跟、脚踏实地，做好眼前的事情，干好最现实的工作，把对理想信念的坚定性，体现在为实现党在社会主义初级阶段的基本路线和基本纲领而努力奋斗上，体现在完成党的各项工作任务、推进中国特色社会主义事业的伟大实践中，始终做中国特色社会主义事业的推进者、建设者。

坚定理想信念，要改作风励志。一个党员理想信念不坚定，就担不起重任、经不起风浪，必然成为政治上的残次品、事业上的危险品。信念坚定不坚定，关键看作风。要把转变作风作为锤炼党性、坚定信念的实际行动，牢固树立正确的世界观、权力观和政绩观，力戒形式主义、官僚主义、享乐主义和奢靡之风，真正做到不因成绩而自满，不因困难而畏缩，不因事繁而倦怠，不因功利而浮躁。信念贵于持久。复杂的外部环境和现实考验，容易使人动摇信念、迷失方向。现在信念坚定，并不代表永远坚定。党员干部要不断改造主观世界，净化心灵，纯洁党性，把权与责、得与失、顺与逆、苦与乐的问题真正想清楚、处理好，始终保持应有的政治定力。

三、革命理想大于天，立志贵在高远

一个人追求的目标越高，他的才力就发展得越快，对社会就越有益；我确信这也是一个真理。——高尔基

志者，人生奋斗的方向和目标也，也可以理解为理想或抱负。立志就是为自己确定一个宏伟目标，也就是树立一个理想，认定自己终身奋斗的方向目标。

志向是决定人一辈子的目标和方向。因此，一个人一定要有自己的独立思考和与众不同的人生设计。做什么样的人，怎样做人？干什么事业？怎么去干？这些，如果想不清楚，弄不明白，就必然浑浑噩噩，稀里糊涂，空过一生。

有志者，事竟成。有志登山顶，无志站山脚。人生匆匆，想在人生之中多有建树，首先要确定一个志向，并且要坚定不移地去执行，为实现志向不懈努力。志不立，天下无可成之事。纵观古今中外，概莫能外。志不立，犹如在重雾迷茫的大海上航行，尽管历经艰辛，却在原地绕圈，劳而无功。欲想少走弯路，达成夙愿，必先立志。

俗话说，人各有志。志分大小，又存高下。所谓远大的志向，其人多是有志于贡献社会、服务他人，志在促进社会的和谐与进步；所谓低下的志向，其人多半是为了升官发财、生活安逸，主要是为了追求个人的利益。志向不同的人，其精神的层次当然不同，对社会的贡献也不同。奥斯特洛夫斯基有句名言：“只为家庭活着，这是禽兽的

私心；只为一个人活着，这是卑鄙；只为自己活着，这是耻辱。”唯有“自己活着就是要使别人活得更美好”，才是高尚的、优美的、纯洁的。

壮志与毅力是事业的双翼。坚持大的志向，难免会遇到各种各样的困难。心中有理想、有希望，才能集中意志去克服那些困难。古之立大事者，不唯有超世之材，亦必有坚忍不拔之志。生活就像海洋，只有一心向着灯塔，历尽艰难险阻，经受住大风大浪，才能驶进理想的港湾。

只有远大志向的人才能对人生抱有积极向上的进取精神和乐观态度，才能对工作抱有无限的热忱。立志、工作、成功，这是人类活动的三大环节，是事业发展的规律。立志是踏入事业大门的开始，勤于工作是登堂入室的旅程，这旅程的尽头就有成功在等待。因此，立志是事业成功的前提和关键。有多大的志向，才会有多大的成就。没有什么是想不到的，只有做不到。一个人有什么样的志向，很可能就能有什么样的事业。

器大者声必闳，志高者意必远。志不强者智不达。人要立大志，才能激发自己的潜力，激发强大的动力。丈夫志不大，何以佐乾坤。远大的志向可以造就伟大的人物。自古至今，许多名人、伟人之所以成功，流芳百世，为人类文明做出有益的贡献，就是因为他们志向远大。

立志贵在高远。正因为周恩来总理有振兴中华的远大信念，“以人民的疾苦为忧，以世界的前途为念”，他才能在艰苦卓绝的岁月里“九死犹未悔”。庸俗狭隘的理想会限制人们的格局，而远大的理想则可以提升人们的眼界和器量。当人们有了一个高层次的目标时，就可以摆脱掉一些世俗烦恼的束缚，不会因为这些琐碎的东西而迷失方向，失却动力。

有了高尚的心志，才能成为高尚的人物；如果没有高尚的心志，就没有高尚的行动。《三国志》云："志正则众邪不生"，意思是只要志向远大、心地光明，就能防止邪恶的产生。万事德为先，无志德不立，党员干部只有志存高远，才能为政清廉、廉政为民。

一个党员干部志向的高低，可以反映其世界观和价值观的高下、政治品格和精神境界的优劣、宗旨意识的强弱；也可以影响其事业心、工作热情和领导水平。庸俗狭隘的理想会限制人们的格局，而远大的理想则可以提升人们的眼界和器量。当人们有了一个高层次的目标时，就可以摆脱掉一些世俗烦恼的束缚，不会因为这些琐碎的东西而迷失方向、失却动力。

大浪淘沙，唯真信仰不会被黑暗吞没。这是历史的启示，也是世道人心的真理。处在一个大发展、大变革、大调整的时代，坚守与解构、担当与逃避、奋进与堕落，交织碰撞在所难免。有人抱定"一切为人民"的信念，也有人不问马列问鬼神；有人以"愚公"自励，也有人脚踏两只船、哪边有利倒向哪边。有信仰与无信仰，结果不同；假信仰同真信仰，落差更大。做出正确的选择，坚守高尚的信仰，是党员干部必须回答好的考题。

因此，树立高远的志向、坚守纯洁的信仰，对党员干部来说是一个带有根本性的大问题。事德为先，无志德不立，党员干部只有志存高远，才能为政清廉，廉政为民。党员干部应当志存高远，树立崇高的马克思主义信仰，胸怀民族振兴的报国为民之志，为自己的工作注入不懈的动力和激情。

志存高远，就是要立报国为民之志。党员干部是中国特色社会主义道路的坚定维护者和实践者，是党和政府治国理政的主体，是中国共产党长期执政的核心骨干队伍，在实现中国梦的进程中肩负着重要引领任务，党员干部的精神状态和行为能量维系着中国的希望和未来，直接影响和决定着实现中国梦的进程。自1840年鸦片战争以来，无数血淋淋的事实告诉我们，落后就会挨打。作为党员干部，更应该志存高远，牢记肩负的历史重任，充分认清当代中国的国情，抓住发展机遇，应对八面来风，带领人民群众奋发图强，与时俱进，共同推动中华民族的伟大复兴。

实现高远大志向，需要超强的毅力。一切事业的成败都取决于此。正如苏东坡所言："古之成大事者，不唯有超世之才，亦有坚忍不拔之志"。今天，我们要实现个人的理想，实现共同的中国梦，任重而道远，需要每个人继续付出辛勤劳动和艰苦努力。处在深刻而复杂的变革时代，每个人都无时不经受着考验，包括现实生活中奢靡、浮躁等不良风气的考验。人生犹如逆水行舟、大浪淘沙，我们只有怀揣高远志向，才能经受住考验，不为物欲所惑，不为浮躁所动，坚韧不拔地为实现伟大梦想而扎实奋斗，做到有所作为、有所贡献。

成就高远的志向，需要"淡泊以明志，宁静以致远"。人们越是志向高远，越是要耐得住寂寞、沉得住气、吃得了苦，否则就是眼高手低、志大才疏。志向远大者，不能为名缰利索所羁绊，不能贪图眼前蝇头小利，不能追求变幻无凭的虚名，不"戚戚于卑位"，不"汲汲于荣名"，不把升官发财作为自己的人生目的，不拉拉扯扯、跑官要官，不弄虚作假、搞面子工程。常言道，"空谈误国，实干兴邦"，实现志向需要实干，党员干部不能做语言的巨人、行动的矮子，而要以崇高的志向为动力，以高度的事业心和责任感做好本职工作，求真务实，埋头苦干，专心致志地抓好各项工作的落实，积小成为大成，使志向变成现实。

四、把稳思想之舵，高扬信仰之旗

马克思主义和共产主义的信念。……无论过去、现在和将来，这都是我们的真正优势。 ——邓小平

1920 年的一个春夜，浙江义乌分水塘村一间矮小僻静的柴房里，昏暗的油灯前，年轻的陈望道正在奋笔疾书。几个月后，1000 册中译本《共产党宣言》在上海出版，这是用中文出版的第一本马克思主义著作，成为中国共产党人追求信仰的思想起点之一。后来，毛泽东在跟斯诺谈话时，提及“有三本书特别深地铭刻在我心中，建立起我对马克思主义的信仰”，其中一本便是陈望道翻译的《共产党宣言》。“无产者在这个革命中失去的只是锁链。他们获得的将是整个世界。”遵循《共产党宣言》指明的方向，中国共产党人秉持着一颗为人民求解放、谋幸福的初心，艰苦奋斗，砥砺前行，书写了一个又一个人间奇迹。

树高千尺不忘根，水流万里总思源。对马克思主义的信仰是共产党人的精神旗帜，人民立场是中国共产党的根本政治立场，须臾不可动摇。当年，彭湃虽是锦衣玉食的富家少爷，却当着农民们的面烧掉了分家得来的所有田契，坚决与剥削和压迫的腐朽制度决裂；方志敏在狱中写下《可爱的中国》，他说：“敌人只能砍下我们的头颅，决

不能动摇我们的信仰！”在革命战争年代，这些共产党人视死如归、义无反顾，弃荣华富贵、高官厚禄如敝屣。这样的信仰，是何等彻底的自觉与坚定。95 年来，无论我们党身处顺境还是逆境，始终没有动摇过对马克思主义的信仰，始终坚持与人民风雨同舟、生死与共。坚持这一初心初愿，便是中国共产党人从胜利走向胜利的“精神密码”。

“马克思主义对于能理解它的人来说意味着得到了‘全能的智慧’，对于信奉它的人来讲，则等于找到了‘根本性的指针’。”外国学者的这番感喟，算是触及了信仰的本质。

因为理解，所以能从人类历史上划时代的伟大思想中获得“全能的智慧”。自诞生之日起，中国共产党就以坚定的立场秉持这一科学理论的武器，推动中国历史走向千年未有之变局，并在伟大的实践中不断发展马克思主义。

因为信奉，所以能在 90 多年的岁月里坚守“根本性的指针”。自诞生之日起，中国共产党就以高度的自觉肩负起民族独立与国家富强的使命，并将为大多数人谋幸福的信仰化作顽强的精神信念。

马克思主义信仰，是中国共产党人的“初心”，指引着一代代共产党人前赴后继、接续奋斗。95 年来，中国共产党之所以能够完成近代以来各种政治力量不可能完成的艰巨任务，就在于始终把马克思主义这一科学理论作为自己的行动指南，并坚持在实践中不断丰富和发展马克思主义。无论是处于顺境还是逆境，我们党始终坚守对马克思主义的信仰。中国共产党之所以叫共产党，就是因为从成立之日起就把共产主义确立为远大理想。我们党之所以能够经受一次次挫折而又一次次奋起，归根到底是因为这一理想和信念从未动摇。

在庆祝中国共产党成立 95 周年大会上，习近平同志提出了坚持不忘初心、继续前进的八方面要求，为的就是告诫全党，无论我们走多远，都不能忘记走过的路，不能忘记为什么出发；为的就是警醒全党，永远保持建党时中国共产党人的奋斗精神，永远保持对人民的赤子之心，我们党才能战胜一切艰难险阻、永远立于不败之地。

习近平强调，坚持不忘初心、继续前进，就要坚持马克思主义的指导地位，坚持把马克思主义基本原理同当代中国实际和时代特点紧密结合起来，推进理论创新、实践创新，不断把马克思主义中国化推向前进。

指导思想是一个政党的精神旗帜。95 年来，中国共产党之所以能够完成近代以来各种政治力量不可能完成的艰巨任务，就在于始终把马克思主义这一科学理论作为自己的行动指南，并坚持在实践中不断丰富和发展马克思主义。这使我们党得以摆脱以往一切政治力量追求自身特殊利益的局限，以唯物辩证的科学精神、无私无畏的博大胸怀领导和推动中国革命、建设、改革，不断坚持真理、修正错误。无论是处于顺境还是逆境，我们党从未动摇对马克思主义的信仰。

马克思主义及其在中国的发展，为党和人民事业发展提供了既一脉相承又与时俱进的科学理论指导，为增进全党全国各族人民团结统一提供了坚实思想基础。

马克思主义是我们立党立国的根本指导思想。背离或放弃马克思主义，我们党就会失去灵魂、迷失方向。在坚持马克思主义指导地位这一根本问题上，我们必须坚定不移，任何时候任何情况下都不能有丝毫动摇。

同时，面对新的时代特点和实践要求，马克思主义也面临着进一步中国化、时代化、大众化的问题。马克思主义并没有结束真理，而是开辟了通向真理的道路。恩格斯早就说过："马克思的整个世界观不是教义，而是方法。它提供的不是现成的教条，而是进一步研究的出发点和供这种研究使用的方法。"

时代是思想之母，实践是理论之源。实践发展永无止境，我们认识真理、进行理论创新就永无止境。今天，时代变化和我国发展的广度和深度远远超出了马克思主义经典作家当时的想象。同时，我国社会主义只有几十年实践，还处在初级阶段，事业越发展新情况新问题就越多，也就越需要我们在实践上大胆探索、在理论上不断突破。

理论上不彻底，就难以服人。我们要以更加宽阔的眼界审视马克思主义在当代发展的现实基础和实践需要，坚持问题导向，坚持以我们正在做的事情为中心，聆听时代声音，更加深入地推动马克思主义同当代中国发展的具体实际相结合，不断开辟 21 世纪马克思主义发展新境界，让当代中国马克思主义放射出更加灿烂的真理光芒。

马克思主义是我们党的指导思想，是共产党人的精神旗帜。无论时代如何变迁、科学如何进步，马克思主义依然显示出科学思想的伟力，依然占据着真理和道义的制高点。背离或放弃马克思主义，我们党就会失去灵魂、迷失方向。在坚持马克思主义指导地位这一根本问题上，我们必须坚定不移，任何时候任何情况下都不能有丝毫动摇。

马克思主义并没有结束真理，而是开辟了通向真理的道路。把坚持马克思主义和发展马克思主义统一起来，结合新的实践不断作出新的理论创造，这是马克思主义永葆生机活力的奥妙所在。今天，时代变化和我国发展的广度和深度远远超出了马克思主义经典作家当时的想象，迫切需要我们在实践上大胆探索、在理论上不断突破。把牢思想之舵，就要更加深入地推动马克思主义同当代中国发展的具体实际相结合，推进理论创新、实践创新，不断把马克思主义中国化推向前进。

我们党一贯重视提高党员干部尤其是领导干部的马克思主义理论水平。这是对我们党历史经验的深刻总结，也是对领导干部的根本要求。面对新的形势和任务，党员干部更要系统掌握马克思主义基本理论，全面提升自己的看家本领。习近平同志强调："在前进道路上，我们一定要加强全党的理论武装。"他指出，马克思主义理论素养是领导干部领导素质的核心和灵魂，掌握马克思主义理论是领导干部的基本功；领导干部特别是高级干部要把系统掌握马克思主义基本理论作为看家本领。马克思主义理论是我们的必修课，党的各级领导干部和全体党员都应充分重视马克思主义理论学习和研究，自觉用马克思主义科学理论武装头脑，并指导自己的实际工作。

"操守要有真宰，无真宰则遇事便倒，何以植顶天立地之砥柱？"马克思主义信仰、共产主义远大理想和中国特色社会主义共同理想，就是共产党人的"真宰"，是"初心"之源、立身之本。把牢思想之舵，高扬理想之旗，任何时候我们就都能保持清醒、认准方向、砥砺前行。

五、始终不忘初心，坚守自己的信仰

生命里最重要的事情是要有个远大的目标，并借助才能与坚毅来完成它。

——歌德

常言道，“立志容易守志难”。守志如行路，有行十里者，有行百里者，有行终生者。行十里者众，行百里者少，行终生者稀。可以说，守志比立志更难、更重要，守志贵在坚持。不忘初心者，方能行稳致远。

曾国藩说：“盖士人读书，第一要有志，第二要有识，第三要有恒。有志则断不甘为下流；有识则知学问无穷，不敢以一得自足，如河泊之观海，如牛蛙之窥天，皆无识者也；有恒则断无不成之事。此三者缺一不可。”于此三者，曾国藩特别看重有恒。

他教导儿子曾纪泽“人生唯有常是第一美德”。常者，恒也。“学问之道无穷，而总以有恒为主。”做到有恒，既是易事，又是难事。说易，因为人人可以做到。说难就在于难坚持，坚持几天可以，支持几个月就难了，坚持几年、十几年乃至一辈子更难了。

然而，只有“守常”，才能获得成效。曾国藩结合自己的体验，对儿子说：“年无分老少，事无分难易，但行之有恒，自如种树蓄养，日见其大而不觉耳。”

守志，关键是要对自己抱定的志向有坚定的信念，能够坚守自己的志向，不忘自己的初心，不为身边或者社会上的诱惑所动，不为挫折坎坷所摇，不因自身的惰性所止，不因一时的荣辱得失而停，能够坚持不懈地朝着美好而崇高的目标奋斗。

不忘初心，方得始终。志向需要坚守，因为在现实生活中，一个人如果没有做人的原则和主见，就容易随波逐流。守志不是百米冲刺，而是马拉松长跑。实现志向需要耐心，需要坚强的意志，需要抵挡诱惑的能力和抵抗挫折的韧性。有志气的人，不仅注重立志时的审问慎思，更注重立志后的明辨笃行。心存凌云志，就要把理想交给翅膀；志在千里行，就要把志向交给双脚。

坚守信念需要放眼长远。看到远方，才能抵抗庸常。喜欢这样一句诗："心中有雄鹰，何处不筑巢？"世事多舛，但人还是要有一种情怀，才能超越庸常，而不完全被世俗化标准束缚本真。情怀与胸怀，责任与使命，决定了最终的格局，也会使人不被一时一事所缠绕：当你看到远方时，即便如今一帆风顺，也不会感觉良好，即便困难重重，也不会悲观失望。一个人如果耽于享乐、心浮气躁、急功近利，势必缺乏长远目光和毅力恒心，终难有所成就。

眼光的长远与否决定一个人的潜力界线。凡事看不长远，只考虑眼前而不考虑将来的人，是鼠目寸光；而懂得未雨绸缪、深谋远虑的人，是目光远大。一个人有了长远眼光，善于判断正确的发展方向，立足当前看长远，面向未来看走势，用发展的眼光来看待问题、分析问题、解决问题，对未来的事业走向、发展方向比较清晰，才能离自己的理想越来越近。

眼光长远的人往往能够走在时代的前沿。他可以看见别人看不见的东西，掌握事物发展的未来趋势，因而能够先行一步。在竞争日趋激烈的时代，这是成功所不可或缺的元素。

短视者只能迎接失败，即使他们以前有过很优越的条件。他们往往被眼前的利益所迷惑，在透支享受今天的同时，忘记或忽略了给明天播种，最后只能被明天抛弃。

就像下棋一样，技高者能看出五步七步甚至十几步，低能者只能看出一两步。高手顾大局，谋大势，不以一子一地为重，以最终赢棋为目标；低手则寸土必争，结果在辛苦中屡犯错误，以失败告终。

长远的眼光，是对未来趋势的某种预见，它让人看清自己的远大目标，召唤人们去行动；它让人做好面对未来机会和挑战的准备，更好地发展自己的事业，让人从一个成就走向另一个成就。目标越远大，意志才会越坚强；眼光越长远，考虑问题就越全面。没有长期的目标，没有长远的目光，便会有短期的挫折感，便会局限自己的发展。

优秀的保龄球选手在投球时，眼睛望向哪里？肯定不是手里的球，也不会是两边的球槽，而是最前方，前方的球瓶。优秀的赛车手在努力超越对手时，眼睛望向哪里？肯定不是手里的方向盘，也不会是两边穷追不舍的法拉利，而是正前方的车道……任何需要经过直线运动，而到达远距离目标的竞争行为，都有一个共同的原则：“眼睛向前看”。

比尔·盖茨曾告诫我们，“想得远一些”。他说：“我的成功大部分应归功于我能够关注长远目标，而不受一些眼前利益的干扰。能够做到这一点并不需要什么天才的智力，但的确需要某种特别的努力。”

看得远，才能走得远。一般说来，一个人越有远见，眼界越高，他所投身的事业发展前景就越好。把目光放远一些，一是能看清方向，走得顺利，不至于总是遇到障碍走回头路；二是走起来不会觉得太累，能走得快、走得远。

坚守信念需要艰苦奋斗。人世间的美好理想，只有通过奋斗才能实现；生命里的一切辉煌，只有通过奋斗才能铸就。在赓续千年的文化传统里，“三军可夺帅也，匹夫不可夺志也”“老骥伏枥，志在千里;烈士暮年,壮心不已”等价值追求,鼓舞着仁人志士生命不息、奋斗不止。“卧薪尝胆”“悬梁刺股”“闻鸡起舞”等故事更是家喻户晓,让无数人从识文断字那一天起,就懂得了奋斗的价值和意义。

有理想，才有追求不止。有追求是一种健康向上的人生，它包含着坚守与担当。谚曰：“有勤心，无远道。”追求就是向着既定目标不懈奋进的一项长线的系统工程。《易》云：“不恒其德，或承之羞。”那些半途而废的所谓“追求”，就像是一摊半拉子工程，令人遗憾叹息，不堪回首。

理想越丰满，现实越骨感。志向不是空谈可以达到的，是实实在在、一步一步做到的。在实现的过程中，一定会遇到不少困难、挫折。人为的因素、客观的因素，使你不能实现自己的志向，甚至有时还会危及自己的生命。所以，就要守志，坚守志向不动摇。

王安石曾说，“世之奇伟、瑰怪、非常之观，常在于险远，而人之所罕至焉，故非有志者不能至也。”凡是有恒心的志士，一般都有那么一种甘于吃苦耐劳、不怕困难、不怕失败、敢于尝试、敢于成功的强烈信念始终在支撑着他；许多成功人士就是靠着这种信念支撑，后来才有辉煌的业绩和事业。

纵览历史，那些在人生道路上走得远的人，莫不以宁静来涵养德行、砥砺节操。在经济社会深刻转型、各种诱惑不断增多的今天，一个人要走得更远，就更加需要秉持淡泊之心、涵养宁静之气，力戒空谈、注重实干，不图虚名、务求实效，一步一个脚印地向着目标迈进。

“千淘万漉虽辛苦，吹尽狂沙始得金”。个人的成才之路漫长而又曲折，行百里者半九十。我们要志存高远、志在必得，就需要发扬光荣传统，自觉担负重任，树立百折不挠的志气，培养赴百仞之谷而不惧的勇气，增强滴水石穿而不悔的韧劲，勇往直前、锐意进取，矢志不渝地为实现中华民族伟大复兴而努力奋斗。

坚守信念需要坚忍不拔。真正的有志者，不会停下奋斗的脚步。古人说，“志之所趋，无远弗届，穷山距海，不能限也。志之所向，无坚不入，锐兵精甲，不能御也。”志存高远、信念坚定的人，再遥远的地方也能到达，再坚固的障碍也能突破，再迷人的诱惑也能抵制，再艰难的挑战也能应对。

“梦想总是遥不可及，是不是应该放弃？”每个人都有自己的梦想，都在梦想的道路里留下过或多或少的足迹，只要坚信，坚守则成功，就一定会见到明媚的阳光，否则明天一定会是昏暗的世界。

生命是一次梦想之旅。电影《中国合伙人》中说：“梦想就是一种让你感到坚持就是幸福的东西。”没有梦想的人生，必定缺少了色彩。然而，没有磨砺的梦想，顺利的实现也必定少了精彩。很多时候，梦想的抵达，未必是鲜花与荣誉，也未必能以物质来计量。但只要生命经受了挫折、困难、挑战等多种形态的考验，人的思想、意志、品格接受了全方位的砥砺，我们所经历的便是精彩的人生，抵达梦想的过程也会充满幸福。

新东方教育科技集团老总俞敏洪说：“所有获得大成就的人，都经过了一条必经之路，那就是从自愿自觉走向坚忍不拔艰苦卓绝的努力，最后才能够达到一个极高的境界和成就。”

行百里者半九十，越是抵达梦想的时刻，越可能会面临不同寻常的考验。极限运动如此，人的奋斗如此，国家的前行同样如此。无论是艰难的转变发展方式，还是深水区的深化改革，抑或是爬坡过坎的关键发展阶段，都是对我们耐受力的一次集中检阅。正如习近平同志所说：“再高的山、再长的路，只要我们锲而不舍前进，就有达到目的的那一天。”锤炼好耐受力，我们将不仅能抵达梦想，还将收获更多。

“一心向着自己目标前进的人，整个世界都会给他让路。”当今，中国号巨轮劈波斩浪、向梦想进发，既有春和景明的机遇，也有暗流汹涌的挑战。只有信念坚定、敢于担当的党员干部越来越多，我们才会有轻舟必过万重山的坚强自信，才会有直挂云帆济沧海的动力源泉，才会离那个激动人心的梦想越来越近。

第二章

坚守对党的忠诚

“忠诚敦厚，人之根基也。”忠诚作为百德之首是不分年龄、不论古今的，是为官做人都应崇尚的美德。“天下至德，莫大于忠。”党员干部只有强化忠诚品质的修养，牢记自己的党员身份，时刻把党、国家和人民放在心中最高位置，才能始终定住心神，站稳脚跟，挺起脊梁，始终听党的话，坚定不移跟党走，对党绝对忠诚。

一、始终心中有党，对党忠诚不渝

忠诚是人们心目中最神圣的美德。 ——塞内加

“心中有党”，就是政治坚定，坚守党性，对党忠诚；就是坚持党的原则第一、党的事业第一、人民利益第一，始终在党言党、在党忧党、在党为党，始终爱党、忧党、兴党、护党，对党绝对忠诚，永远跟党走。

“心中有党”看似简单，但能否做到时时勿忘、时时检视，能否做到真正内化于心、外化于行并不简单。在战争年代、在急难险重面前，党员、干部会自觉做到心中有党，冲在前列、干在前面，相比较而言，在和平时期、在长期执政环境下、在经年累月的日常工作中，特别在各种监督还不完全到位的环境中能否做到“心中有党”，成了重大考验。这就需要党员个人不断强化自我身份认同。总书记一再告诫全党，党员、干部要有政治思想定力，牢记自己的第一身份是共产党员，第一职责是为党工作。“心中有党”，就是要我们时刻牢记自己的党员身份，做到心有所畏、言有所忌、行有所止。

某种程度上讲，“心中有党”是自我角色的不断暗示，更是价值取向的反复拷问。当下少数党员干部产生了“身份麻痹”，不仅心中无党，个别人甚至目中也无党，不严格要求自己，不该张的嘴张了，不该伸的手伸了，不该去的地方去了，最终走上不归路。究其原因，无不是忘记了党员身份，忘记了还有组织。这也启示我们，

各级党组织要对党员干部经常性“身份提醒”，常常拎拎耳朵、念念“紧箍咒”，引导党员、干部对自己的“基本身份”全面检视，在面对大是大非和权力诱惑时扪心自问：心中有没有党？还记不记得自己是个党员？

心中有党，忠诚是关键。忠诚于党，就要把牢政治方向。作为一名共产党人，首先必须强化组织意识，时刻不忘自己的职责义务，始终把坚守党性、对党绝对忠诚作为政治上的第一要求和“定海神针”，要坚决以中央标准为基本遵循，坚决维护中央权威，保持政治上坚定自信、思想上同心同向、行动上高度自觉，热爱党、拥护党，始终听党的话，为党做事。

忠诚，就是始终如一地恪守信仰、职责和情操，绝不背叛自己的誓言。忠诚是一种认真负责的人生态度，是一种守信敬业的政治品质。

古往今来，忠诚从来都是立身之本和为政之要，是从草野到庙堂、从童蒙到翁媪都应该谨守的道德价值观。“忠诚之心，人之大德。”中华民族传统“忠、孝、节、义”的四字美德，“忠”居其首，做人为官不可或缺。“忠诚敦厚，人之根基也。”忠诚作为百德之首是不分年龄、不论古今的，是为官做人都应崇尚的美德。

忠诚自古以来就是政治或行政组织对其成员的根本道德要求。现代行政伦理虽然不像古代那样把把“忠”绝对化，忠诚的对象也已经不同，但仍然把忠诚作为行政伦理的基本规范和行政主体重要的品德之一。现在不少国家的政府官员在任职时，都必须进行忠诚宣誓，就是明证。

忠诚之所以宝贵，在于它对于组织之成其为组织、政党之成其为政党，具有关系存亡续绝的决定性意义。任何一个失去了忠诚的组织、政党，都将陷入崩溃。

忠诚之所以宝贵，是因为它常常“吹尽黄沙始见金”，往往需要经历生与死、得与失、荣与辱等重大的考验和锤炼。只有敢于、善于付出牺牲，只有真正做到了危难时刻显身手、风吹雨打不动摇，才能得到人们的认知和肯定。

忠诚之所以宝贵，是因为一旦千百万人的忠诚联合起来，就会创造出惊天地、泣鬼神的业绩。中国共产党这个当初只有几十人的弱小组织，能够创造彻底打破旧世界、建立新中国、成功开辟中国特色社会主义道路的人间奇迹，就是因为有千千万万忠诚的共产党员不怕牺牲、冲锋在前。

忠诚是所有政党、政权都极为珍视的政治品质。中国共产党从来都把忠于马克思主义、忠于人民、忠于祖国等作为自己的神圣义务和永恒品质。“对党忠诚老实”、“永不叛党”，就始终是《中国共产党章程》中明确规定的党员义务，也是每一个共产党员入党誓词中的庄严承诺。可以说，忠于党、忠于国家、忠于人民，时刻把党、国家和人民放在心中最高位置，是党员干部的修德之基、立德之本。

“对党忠诚”是党章中明确规定的党员义务，也是每一个共产党员入党时的庄严承诺。胡锦涛同志在纪念建党 90 周年讲话中要求，领导干部要把“忠诚作为第一政治品质”。可以说，忠于党、忠于国家、忠于人民，时刻把党、国家和人民放在心中最高位置，是党员干部的修德之基、立德之本，是对党员干部最基本的要求，也是保持共产党员先进性和纯洁性的集中体现。这给个人带来的是事业有成、家庭幸福；给国家和人民带来的是和谐稳定、幸福安康。

然而，值得注意的是，一些党员干部的忠诚观出现了偏离：有的对党不忠诚，身在党、心在外，做“裸官”、留后路；有的对国家不忠诚，有令不行、有禁不止；有的对人民不忠诚，搞形象工程、“政绩工程”，对民生疾苦不闻不问；有的对事业不忠诚，“在其位不谋其政”，得过且过、不思进取。更有甚者对行贿人“忠诚”，滥用职权，谋取私利；对关系网“忠诚”，培植个人亲信，搞小团伙、人身依附；对钱色“忠诚”，腐化堕落、家庭破裂、众叛亲离；对亲朋好友“忠诚”，优亲厚友、徇私枉法，最终走上违法犯罪的道路……这不仅削弱了党的凝聚力、战斗力，损害党同人民群众的血肉联系，而且严重影响了党的执政地位。

对党忠诚，要求党员干部坚信党的最高理想和目标，任何时候任何情况下都确保理想信念不动摇；热爱祖国，维护国家统一和民族团结，维护政府形象和权威；始终牢记为人民服务的宗旨，时刻做到情为民所系、权为民所用、利为民所谋；勤学善思，不断提高执政为民的能力；尽职尽责、一丝不苟、勇于担当，兢兢业业完成组织赋予的各项任务。

二、增强政治意识，始终坚定政治立场

我们党作为马克思主义政党，讲政治是突出的特点和优势。没有强有力的政治保证，党的团结统一就是一句空话。

——习近平

政治意识是立党之本。党员干部都要有清醒的政治意识，鲜明政治立场，坚定的理想信念和远大的抱负，始终坚持党的领导，高举中国特色社会主义伟大旗帜，坚定中国特色社会主义道路自信、理论自信、制度自信，不走改旗易帜的邪路，与党中央始终保持高度一致，听党的话，永远跟党走。

（一）以清醒的政治意识，保持正确的政治方向。政治意识作为一种政治心理和意识形态，主要是指政治思想、政治观点，以及对于政治现象的态度和评价，也就是各级党组织和全体党员在政治方向、政治立场、政治言论、政治行为方面必须遵守的规矩。

增强政治意识，就是要求全体党员特别是党员领导干部面对瞬息万变、错综复杂的国际国内形势，要始终保持清醒的政治头脑，端正政治态度，坚定政治立场、政治信仰和理想信念，坚持正确的政治思想和政治认知，不断增强政治敏锐性和政治鉴别力。

增强政治意识，简单讲就是各级党员干部都要坚持正确的政治方向，都要有坚定的马克思主义信仰、坚定的社会主义和共产主义信念，并为这种理想信念矢志不渝奋斗。增强政治意识的核心，就是要做政治上的明白人，增强各级党员干部政治敏锐性、政治警觉性和政治鉴别力，不被负面舆论牵着鼻子走，坚守对党忠诚可靠的政治立场，无论在何时何地何种情况下始终坚定站在党和人民的立场上，严守政治纪律和政治规矩，始终做到爱党、信党、护党、跟党走。

强调增强政治意识，有其历史必然性和客观现实性。我们党是靠革命理想和铁的纪律组织起来的马克思主义政党，没有强烈的政治意识，党的团结统一就是一句空话。不讲政治，就会与党的性质和宗旨相背离，就会与党的理论和路线方针政策相抵触，对党和人民事业有百害而无一利。从历史上看，凡是党内政治意识强的时期，党和人民的事业就会顺利发展；反之，政治意识一旦薄弱，党和人民的事业就会遭受挫折。因此，政治意识这根弦永远不能松，要牢牢记在心上、扛在肩上、抓在手上、落实在行动上。

当前，世界格局正在深刻调整，国内格局正在深刻变革，我们党领导人民正在进行一场具有诸多历史新特点的伟大事业，面临的风险与挑战前所未有。作为一个拥有 8800 多万党员的执政大党，如果党内没有政治意识，人人不讲原则、不讲规矩、各自为政、自行其是，党的凝聚力和战斗力就会大大削弱，党的领导能力和执政能力就会大大削弱。

然而，令人遗憾的是，党内少数同志，包括某些领导干部政治立场不坚定，对于党内和社会上出现的一些现象，缺乏敏锐的政治观察力、鉴别力，存在似是而非或曲解误读的情况，甚至妄议中央，公开发表有损党的形象和集中统一的言论。这是为党章党规党纪所坚决不允许的。

党员干部只有保持政治上清醒与坚定，才能承担起组织赋予的使命，更好地带领团队圆满地完成重任。如果不善于从政治上识别问题和解决问题，就难当大任，难受重托。这是因为，如果政治敏锐性不强，关键时刻就会出现政治上的摇摆，甚至会犯大错误。

党员干部无论在任何时候都不能头脑糊涂，特别是在一些大是大非问题上，必须有着清醒的认识和判断，切实增强政治坚定性、政治敏感性、政治鉴别力和政治执行力，始终维护党的集中统一。

（二）政治意识既要扎根在心里，更要体现在行动上。政治意识是党员意识的灵魂。党员干部的政治意识在不同时期有不同要求和侧重点，目前最主要的是坚持党在社会主义初级阶段的基本路线，核心是坚持党的领导，根本在实践全心全意为人民服务的党的宗旨。

增强政治意识不是虚的，而是很具体的，体现在党内政治生活、组织生活和全部工作的点点滴滴中，反映在思想和作风的一言一行里。

强化政治意识，就要坚定理想信念。理想和信念是政治意识的核心问题。政治意识不是空洞概念，而是与中国特色社会主义伟大事业紧密联系在一起的。中国特色社会主义道路、理论、制度，对不对、好不好、行不行，赞成不赞成、支持不支持、贯彻不贯彻，这是每个党员干部必须面对和回答的问题，也是有没有理想信念的试金石。在这样的根本问题上，党员干部来不得半点含糊、虚假，必须坚定清醒、旗帜鲜明。一个党员干部心中没有理想目标，结果往往是滑向贪恋荣华富贵；心中没有信仰信念，必然是不讲是非曲直，没有道德底线。身为党员干部，理论上的成熟是政治上成熟的基础，必须坚持以科学的理论武装头脑，要真学、真懂、真信、真用党的科学理论，牢固确立正确的世界观、人生观、价值观，增强分清理论是非、政治是非的能力，把个人的追求与伟大的事业融合在一起，认定目标，执着前行。

强化政治意识，就要严格遵守党的章程。党章集中体现了党的路线方针政策和党的重要主张，全面界定了党员的行为规范。广大党员学习好、遵守好、贯彻好、维护好党章，不断强化党员意识，时时处处以共产党员的标准严格要求自己，切实增强党性原则，就是真正坚持了党的纲领，坚持了党的领导，坚持了中国特色社会主义道路；就能在任何时候、任何情况下，对党的路线、方针、政策都不会有丝毫的怀疑和动摇，始终做到旗帜鲜明、立场坚定，始终做到思想上坚信不疑、行动上坚定不移。

增强政治意识，就要把纪律挺在前面，树立纪律的权威。守纪律、讲规矩是政治意识的重要体现。对党员干部来说就是，做事有原则，说话有分寸，行止有遵循。经验表明，纪律要求松一分，党员队伍就散一片。同样地，纪律要求严一尺，党员干部战斗力就强一丈，在关键时刻、重要关头才靠得住、信得过、顶得上。

（三）强化政治意识，最重要的是遵守党的政治纪律。政治纪律是党最重要、最根本、最关键的纪律，是各级党组织和全体党员在政治方向、政治立场、政治言论和政治行为方面必须遵守的基本准则，是维护党的性质、宗旨、指导思想的根本规定。遵守党的政治纪律，是遵守党的全部纪律的基础。如果政治纪律松弛，党的组织、宣传、群众、财经、外事、保密等各方面的纪律就会失去政治基础。长此以往，党就会变得松松垮垮，变成一盘散沙，甚至蜕化变质。我们对此必须保持清醒头脑和高度警惕。

党员是有着特殊政治职责的公民，党组织不是私人俱乐部，不是来去自由的“自留地”，加入中国共产党就是加入了一个有着铁的纪律的政党组织。对党员干部来说，政治纪律和政治规矩是纪律底线，遵守政治纪律和政治规矩是最基本的义务。

无论是党组织还是党员干部，对党的政治纪律和政治规矩都要十分明确地强调，十分坚定地执行，不能语焉不详、闪烁其词，不能只是嘴上说说、纸上写写。党的纪律检查工作，也要重点检查政治纪律执行情况。党员、干部党性强不强，对党是不是忠诚，严守政治纪律和政治规矩，是重要的考验、根本的检验。

各级党组织和广大党员必须增强政治意识，同党中央保持高度一致，自觉维护中央权威。要牢固树立大局观念和全局意识，正确处理保证中央政令畅通与立足实际创造性开展工作的关系。任何具有地方特色的工作部署，都必须以贯彻中央精神为前提，尤其是在指导思想和路线方针政策以及关系全局的重大原则问题上，必须与党中央保持高度一致。要防止和克服地方和部门保护主义、本位主义，决不允许“上有政策、下有对策”，决不允许有令不行、有禁不止，决不允许对贯彻执行中央的决策部署打折扣、做选择、搞变通。对党的决议和政策如有不同意见，在坚决执行的前提下，可以声明保留，也可以向上级组织直至中央提出，这是党员的权利。但是，凡是散布违背党的理论和路线方针政策的意见、公开发表违背中央决定的言论、泄露党和国家秘密、参与各种非法组织和非法活动、制造和传播政治谣言以及丑化党和国家形象的言论，都是政治纪律所不允许的。

三、强化大局意识，始终以大局为重

要学会运用辩证法，善于“弹钢琴”，处理好局部和全局、当前和长远、重点和非重点的关系。 ——习近平

大局是指宏观的整体的局面和形势；大局意识是指顾全大局的思想认识。对于一个国家、一个地区、一个单位或一个集体而言，顾全大局就是顾全国家的、地区的、单位的、集体的整体利益。

关于大局意识，习近平同志讲得很明确：“必须牢固树立高度自觉的大局意识，自觉从大局看问题，把工作放到大局中去思考、定位、摆布，做到正确认识大局、自觉服从大局、坚决维护大局。”

这包括三层意思：其一，在深入思考中认识大局。大局具有根本性、趋势性、决定性等特征，又是不断发展变化的。因此，要审时度势，不能片面、孤立和静止地看问题。

其二，在明确定位中服务大局。地区、部门的工作，是全国大局的一部分，既受到大局的制约，其工作也会对大局产生影响。地方和部门都不可能置身于大局之外。对党员干部来说，树立“一盘棋”思想尤为重要。

其三，在摆正位置中维护大局。与大局意识相伴的是党性和纪律。个人服从集体，局部服从全局，眼前服从长远，贯彻这些重要原则，意味着可能牺牲某些地方、部门的局部利益、眼前利益。

增强大局意识，就是树立个人服从组织、局部服从全局、全党服

从中央以及个人利益置于国家、地区、单位和集体利益之下的崇高思想、政治觉悟，勇于自我牺牲、自我奉献的精神，以及体谅、理解、协作的优良意识。大局意识是一个永恒的话题，是一种永远不过时的思想。解放思想，树立大局意识，自觉维护大局、服务大局，具有更加重大的现实意义和紧迫性。

增强大局意识，是贯彻执行党的路线、方针、政策的根本要求。在国际形势风云变幻、我国改革开放进入全面攻坚阶段的新形势下，能不能把亿万人民的力量凝聚起来，继续把我们党的事业推向前进，关键取决于千千万万党员干部能否讲政治、顾大局，以自己的模范行动影响群众、感染群众、带动群众。党员干部讲不讲大局意识，是否忠于党、忠于人民，不仅直接影响党和国家的形象和威信，影响所在单位、部门的形象和威信，而且直接关系到能否贯彻执行党的各项路线、方针、政策，关系到十八大精神的贯彻落实，关系到改革开放和现代化建设的兴衰成败。

增强大局意识，是营造安定团结、政令畅通、步调一致政治局面的基础工程。“潮平两岸阔，风正一帆悬。”政通人和、弊绝风清的政治生态是党的事业兴旺发达的根本保证，是各项工作得以顺利开展和落实的关键因素。西方资产阶级价值观念、生活方式和思想方法的侵入，使一些干部的思想肌体受到污染，出现了许多与大局意识格格不入的观点和作风，存在着安于现状、动力不足，四平八稳、闯劲不足，封闭狭隘、活力不足的现象和“庸懒散”问题，这些对各地的改革、发展和稳定都是非常不利的。因此，必须在全体党员干部中进一步解放思想，树立大局意识，拨开思想迷雾，扫除不良作风，凝聚起干事创业的良好环境，为科学发展提供思想动力和作风保证。

增强大局意识，是妥善处理各种矛盾和问题的重要保证。现在我国经济基础和上层建筑的各个方面发生了深刻变革，社会利益格局发生了变化，机遇与挑战同在，发展与风险并存。只有自觉把握大局、服从大局、服务大局，才能保证改革开放的健康发展，这不仅关系到党的各项方针政策的贯彻实施，而且关系到改革开放的发展与进程。必须强化党员的大局意识，使党员干部在全局和个人利益关系的处理上做出正确的选择，自觉维护党在群众中的形象，处理好个人利益、局部利益和全局利益的关系，为群众做好表率，拥护支持改革，确保改革的顺利进行，实现全面建成小康社会的宏伟目标。

党员干部要在自己的工作中认识大局、把握大局、服从大局，不能只关心局部而忽视全局，也不能为了局部而影响全局，更不能让局部和全局发生冲突；各级领导班子、党员干部所负责的各地区各部门各单位的工作，都要做到既为一域争光又为全局添彩。

各种矛盾问题错综复杂，全面深化改革形势任务逼人，要求党员干部必须具备一种大胸怀、大视野、大智慧、大气魄，对面临的形势和所处的位置有一个正确的清醒的认识，自觉把讲大局作为一种思想观念来强化，作为一种政治要求来执行，作为一种素质能力来历练。

尽管大局是会转移变化的，但无论何时何地，大局观念、大局意识断然不能淡薄。因为大局事关战略部署，事关整体合力，事关人心向背，只有增强大局意识，才能确保同心同德、步调一致；只有增强大局意识，才能整合资源、整肃措施；只有增强大局意识，才能维护中央各项方针政策的权威性，将中央的战略决策、战略部署真正落到实处，从而确保经济和社会事业实现又好又快发展。

增强大局意识，必须做到了解大局、把握大局。如果连大局都不了解、不认识，怎么增强大局意识？怎么把握大局？了解大局，既要加强学习，学习和掌握好我们党关于改革、发展、稳定工作的方针政策，对有关政策措施要注重原原本本学习，力争吃深吃透；又要联系实际学习，通过深入实际，调查研究，及时发现苗头性、倾向性问题，及时了解广大人民群众的迫切需求，通过协调关系，解决突出矛盾，化解不和谐因素，在驾驭大局中进一步了解大局。事实上，只有全面了解大局，才能更好地把握大局，从而真正做到想问题、作决策、抓落实都能围绕大局，一切从大局出发。

增强大局意识，必须做到思考大局、融入大局。了解大局固然重要，但真正了解大局，是建立在深入思考基础上的；真正把握大局，是建立在融入大局基础上的。思考大局，就是要思考大局形成的背景，思考大局既定的宗旨，努力做到站高一步、看远一点、想深一些；融入大局，就是要合而为一，让本地本部门本单位及其个人成为大局的一部分、一分子，成为一个有机的协调的整体。

增强大局意识，必须做到心系大局、顾全大局，处理好全局和局部的关系。全局和局部相互依存、不可分割，是辩证的统一。在大局和局部的关系中，固然是大局起着决定的作用，但局部也不是可有可无、一味被动的，反过来也同样会影响全局。邓小平早就告诫我们：“全体和局部缺一不可，全体是由局部组成的，没有了局部，则全体也就不成其为全体了。”所以，应该做到对全局形势有清醒的了解，提高支持全局的自觉性。

全局与局部的关系，说到底是利益关系；改革的实质，根本上也是利益的调整。邓小平强调："个人利益要服从集体利益，局部利益要服从整体利益，暂时利益要服从长远利益，或叫作小局服从大局，小道理服从大道理。"他还特别强调："治理国家，这是一个大道理，要管许多小道理。那些小道理或许有道理，但是没有这个大道理就不行。"改革是多领域、深层次的改革，单位撤、并、转、改，必然使一些人面临进退去留问题，行政简政放权，也必然会使一些部门和个人"大权旁落"，这些都涉及一些同志的个人利益。面对这些现实考验，党员干部绝不能囿于原有的个人利益或小圈子利益患得患失，必须遵从全局需要，把国家、民族的利益放在第一位，为此宁可牺牲个人的暂时的局部利益，真正履行"随时准备为党和人民牺牲一切"的入党誓言。

四、强化核心意识，与党中央保持高度一致

任何一个领导集体都要有一个核心，没有核心的领导是靠不住的。

——邓小平

党员干部牢固树立核心意识，就是紧紧围绕以习近平总书记为核心的党中央，坚定党是领导中国现代化建设的核心力量信念，构建正确的世界观、人生观、价值观、权力观，认真践行社会主义核心价值观念，自觉在思想上政治上行动上同以习近平同志为总书记的党中央

保持高度一致，使我们党更加团结统一、坚强有力，始终成为中国特色社会主义事业的坚强领导核心。

中国的领导核心，可以从多个层面进行理解。从宏观层面来说，是指中国共产党；从中观层面来说，是指中央政治局及其常委会；从微观层面来说，是指党的总书记，总书记是中央领导集体“一班人”的班长，既是领路人，又是带头人。

一个政党成熟的标志，虽然可以从不同方面去考察和评判，但首要的和决定性的因素却是领导核心的成熟。因为政党的活动说到底还是人的活动，其活动决策权最后都归结于领导核心，是他们的作用和决策，形成政党的理论、纲领和大政方针，由此而形成全党的行动，体现出政党的政治色彩和基本特征。

“核心意识”其实是大国治理普遍存在的现象。中国“核心意识”的产生，确实与中国历史和政体密不可分。但“核心意识”的内涵具有很大的可塑性。这一词汇完全可以成为中国构筑新型大国的一块基石，并成为中国和其他大国有效沟通的重要渠道。

当前我国处于实现民族复兴和国家崛起的关键时期，如果处理好领导核心的权威树立和群众广泛参与之间的关系，也即处理好集中与分散、权威与民主的关系，就一定能够顺利地完成社会的转型、民族的复兴和国家的崛起。

一个坚强的领导核心具有决定性作用。坚强的中央领导核心，是中国相较于其他大国的重要优势。一个坚强团结有力的领导集体，能够统一全党上下的意志，汇集全国各族人民的智慧与力量，进而顺利实现党的目标与任务，维护公共利益。

中国共产党领导革命、建设和改革的实践证明，一个坚强的领导核心具有决定性作用。以习近平同志为核心的新一届中央领导集体，为实现十八大确定的奋斗目标，实现中华民族伟大复兴的中国梦，要求通过加强党的纪律建设来确保全党统一意志、统一行动、步调一致前进。尤其是中央政治局要带头自觉维护中央权威，增强工作合力，做到“全党一盘棋、全国一盘棋”。这就有利于加强和改善党的领导，充分发挥党总揽全局、协调各方的核心作用，进而毫不动摇坚持和发展中国特色社会主义。

一个坚强的中央领导核心始终贯穿于中国革命、建设、改革的整个过程，是团结带领全党全国人民完成和推进三件大事，继而夺取中国特色社会主义新胜利的核心力量；且随着党面临的形势越来越复杂，肩负的任务越来越艰巨，这一决定性作用就越需要得到全党上下的肯定与维护。

坚强的中央领导核心，具有其他大国不可比拟的组织优势。这种组织优势就在于，通过执行民主集中制这一党的根本组织原则，既能落实党要管党、从严治党的方针，进而保持和发展党的先进性与纯洁性；也能发扬党内民主，激发并增强各个基层党组织的创造活力，将其打造成能够发挥先锋模范作用的战斗堡垒。

当今中国，改革进入攻坚期，必然会触动利益的坚冰，干扰着地方执政者的决策与判断；转型进入深水区，也难免会搅动“内心的风暴”，冲击着党员干部的思想和信仰。正风反腐形势依然严峻，改革发展任务更加繁重，在这样的情况下，尤其需要有一个坚强有力的领导核心。在这样大的一个中国，要协调地区利益、统一调配资源，要破解权力症结、提升执政能力，恰如邓小平同志所说：“这一切如果没有中央的权威，就办不到。各顾各，相互打架，相互拆台，统一不起来。谁能统一？中央！”

党的十八大以来，习近平总书记带领下的新一代领导集体，治理中国的绩效非常亮眼。其中重要原因，乃习近平同志主动担当，重塑中国政治格局，全面负责党的各项任务，亲任多个领导小组组长，协调权力支配和资源配置。

办好中国的事情，关键在党。党的领导是中国特色社会主义制度的最大优势，加强党的领导关键要坚持党中央集中统一领导。我国的现代化建设正处在重要时期，全面建成小康社会进入决胜阶段，经济结构调整复杂艰巨。我国经济社会发展长期向好的基本面没有变，但未来几年改革发展将面临不少难题。战胜困难和挑战，我们更加需要党的集中统一领导，更加需要中国共产党这个坚强领导核心。全党只有自觉在思想上政治上行动上同以习近平同志为总书记的党中央保持高度一致，才能使我们党更加团结统一、坚强有力，始终成为中国特色社会主义事业的坚强领导核心。

增强核心意识，最重要的是维护中央的权威，同以习近平同志为总书记的党中央保持高度一致。“火车跑得快，全靠车头带”，要牢记政治纪律和政治规矩，自觉与以习近平同志为总书记的党中央保持高度一致，与党中央同心同德。人们坚信，在以习近平同志为总书记的党中央领导下，我们一定可以在实现“两个一百年”奋斗目标、实现中华民族伟大复兴的中国梦波澜壮阔的征程中，迈出坚实的步伐，取得显著的成效。邓小平曾经说，在“四个服从”中，“最重要的就是全党服从中央”。这是增强核心意识的关键所在。中央是党的领导决策核心，中央制定的路线方针政策，是全党全国人民统一思想、统一意志、统一行动的基本依据。如果中央没有权威，党的路线方针政策无法落实，党的领导就成了一句空话。应该明确，增强核心意识，维护中央权威，是一项严肃的政治纪律，是绝对不能违反的。

增强核心意识，就要保证令行禁止、政令畅通。党员干部能不能自觉用习近平总书记系列重要讲话精神武装头脑、指导行动，能不能听从中央指挥、令行禁止，是衡量党员干部特别是领导干部政治上是否合格的重要标准。“上下同欲者胜”。只有党员干部进一步增强核心意识，自觉维护中央权威，积极主动贯彻中央的各项决策部署，切实增强思想自觉、行动自觉，才能进一步凝聚起全国各族人民的智慧和力量，激发创新活力，弘扬实干精神，全面建成小康社会的目标早日实现。当然，增强核心意识，绝不意味着消极等待、无所作为。不能当“收发室”，对中央的决策照本宣科、照抄照转，以会议贯彻会议、以文件落实文件。不能推卸责任，遇到矛盾和问题绕开走，敷衍塞责、得过且过，而要勇于负责、敢于担当，直面问题、解决问题。从根本上说，就是要时时处处为中央分忧尽责，通过主动作为，创造性地开展工作，把党的方针政策落到实处。

坚持党要管党、从严治党，同样是增强核心意识的重要方面。我们党之所以成为领导核心，是因为无论在革命、建设还是改革年代，都始终坚持全心全意为人民服务的根本宗旨，保持了党的先进性。经验表明，党的先进性和党的执政地位都不是一劳永逸、一成不变的，过去先进不等于现在先进，现在先进不等于永远先进；过去拥有不等于现在拥有，现在拥有不等于永远拥有。党的十八大以来，新一届中央领导集体以零容忍态度惩治腐败，力度空前，影响巨大，极大提振了广大党员干部的信心。人民相信党可以清除腐败，可以带领老百姓实现美好生活，这种人心向背和殷切期望，弥足珍贵。我们应该不负人民重托，坚定不移推进全面从严治党，坚定不移推进党风廉政建设和反腐败斗争，把党建设得更好。这样，无论遇到怎样的大风大浪，我们党都可以成为现代化建设事业的中流砥柱，成为坚不可摧的领导核心。

五、强化看齐意识，始终向党中央看齐

> 我们要向中央基准看齐。看齐是原则，有偏差是实际生活，有了偏差，就喊看齐。
>
> ——毛泽东

看齐意识，是指在思想上政治上行动上自觉同党中央保持高度一致，也可以叫作保持一致意识。就是在任何时候都坚持以党中央为最高标杆，以中央要求为行动指南，主动向中央看齐，做到层层立标杆、作示范，形成强大的引领力量。

管理学上，既有“三个和尚没水吃”的经典说法，也有靠团队制胜的“狼群效应”，其差别就在于一个是“我”字当头、个人至上，一个是齐心合力、众志成城。没有齐心就没有合力，没有同向就没有同步。正如《六韬》所讲：“凡兵之道莫过乎一，一者能独往独来。”

“党的力量来自组织，组织能使力量倍增。”我们党为什么具有强大的凝聚力和战斗力，除了铁一般信仰、铁一般纪律外，还离不开广大党员的看齐意识。正如习近平总书记在2015年12月28日至29日召开的中央政治局专题民主生活会上指出的，“经常、主动向党中央看齐，向党的理论和路线方针政策看齐”，就可以使党员政治上站

稳立场、思想上辨明方向、行动上令行禁止。

1945年，毛泽东在党的七大预备会议上说："要知道，一个队伍经常是不大整齐的，所以就要常常喊看齐，向左看齐，向右看齐，向中间看齐。我们要向中央基准看齐，向大会基准看齐。看齐是原则，有偏差是实际生活，有了偏差，就喊看齐。"应当看到，与过去相比，我们的党员队伍更加壮大，思想观念、价值取向更加多样，形成共识的难度在加大。因而，看齐意识应当也必须予以强化。

看齐，是党作为一个政治组织在政治上的根本要求，是大是大非问题，不是小节问题。在这个问题上含糊不清，就是政治上的糊涂，就很难说是一个合格的共产党员。看齐意识的重要性就在于，它是党在整体上保持自身团结统一和步调一致的必要条件。

看齐意识是共产党员作为先锋队组织成员应有的觉悟。保持团结统一、步调一致，是任何一个有明确奋斗目标的政治组织的共同要求，中国共产党作为一个先进的政治组织，其性质、宗旨、目标、任务等决定了她在这方面比其他任何组织理应具有更高的要求。作为中国共产党的党员，每一个人都清楚，这方面的认同本身就是加入党组织的必要条件，为保持组织的性质、完成组织的目标任务、践行组织的宗旨而奋斗，是每一个党员加入组织时的庄严承诺。所以，在行为上遵从组织团结统一、步调一致的要求，当然也就成为每一个党员应该具备的自觉性。

"群力谁能御，齐心石可穿"。对于一个拥有8800多万党员的大党，全体党员干部只有主动树立看齐意识，在思想上政治上行动上同以习近平同志为总书记的党中央保持高度一致，做到层层立标杆、上下做示范，才能更好地凝心聚力、群策群力，更加团结统一、步调一致，真正做到看得齐、跟得上、立得稳、行得远。

习近平同志在中央政治局专题民主生活会上，就中央政治局当好“三严三实”表率提出了“四个自觉”的要求，并强调，中央政治局的同志必须有很强的看齐意识，经常、主动向党中央看齐，向党的理论和方针政策看齐。党员干部要把学习贯彻总书记重要讲话作为重要政治任务，在思想上政治上行动上坚定不移向党中央看齐。

增强看齐意识，就要保持理论自觉。思想是行动的先导。注重理论学习，是在思想上政治上行动上同中央保持高度一致的前提和基础。在新的历史条件下讲“看齐”，最重要的是学习好、领会好、贯彻好习近平同志系列重要讲话精神，自觉地按照讲话的要求去做。党的十八大以来，习近平同志发表了系列重要讲话，提出了实现中华民族伟大复兴的“中国梦”，协调推进“四个全面”战略布局，创新、协调、绿色、开放、共享五大发展理念，创新驱动发展战略，供给侧结构性改革等一系列新理念新思想新战略。我们要以习近平总书记的系列重要讲话为指引，以习近平同志治国理政新理念统一思想、武装头脑、指导实践，把学习成果转化为各地各部门的生动实践。既要注重用系列重要讲话精神武装头脑，深刻把握鲜明立场，准确理解基本观点，更加坚定中国特色社会主义道路自信、理论自信、制度自信，又要注重用重要讲话精神指导实践、推动工作，提高运用重要讲话精神认识问题、分析问题、解决问题的能力。只有这样，才能做到政治上坚定自信、思想上同心同向、行动上高度自觉，以榜样的力量感召干部群众。

增强看齐意识，就要守纪律讲规矩。向中央看齐，就必须模范地遵守党的政治纪律和政治规矩，把党的纪律作为修身做人、为官用权、谋事创业的基本依据和重要保证。这就要求党员干部要不断增强对党的性质、纲领、宗旨、历史使命的自觉认同，切实把思想和行动统一到中央提出的重大战略思想、重大理论观点、重大工作部署上来，提高政治敏锐性和政治鉴别力。党员干部要把制度治党落到实处，提高制度的执行力，坚持用法规制度规范日常言行，增强纪律意识，克服打“擦边球”的侥幸心理，确保执行制度不走样、坚守纪律不松懈、落实工作不打折。唯有如此，在大是大非面前才能头脑清醒、旗帜鲜明，敢于斗争、敢于亮剑，经得起大风大浪考验。

增强看齐意识，就要对标中央，查找差距。增强看齐意识，就要对症下药，立行立改。全体党员向中央看齐，就要志存高远，知不足而后进，对标中央去差距。在作风上，要拧紧世界观、价值观、人生观这个“总开关”，根除不严不实问题，努力践行“四讲四有”；在发展理念上，对不适应、不适合甚至违背新的发展理念的认识要立即调整，对不适应、不适合甚至违背新的发展理念的行为要坚决纠正，对不适应、不适合甚至违背新的发展理念的做法要彻底摒弃；在责任担当上，要不折不扣贯彻落实中央重大决策部署，始终保持昂扬向上、敢想敢干、能闯能拼的精神状态，发扬钉钉子精神，干在实处、走在前列、争创佳绩。

六、对党忠诚一辈子，而不是一阵子

你若想证实你的坚贞，首先证实你的忠诚。　——弥尔顿

对党忠诚不是空洞的口号、高调的表态、抽象的概念，而是具体的、实在的行动。对党忠诚作为一个政治要求，需要广大党员终身恪守、终身实践。党的干部必须始终把政治上忠诚融入血液、浸入骨髓，做到忠于党、忠于国家、忠于人民，为党和人民的事业不懈奋斗。

忠诚贵在长久。长征开始后，在一次突围后与组织失去联系的漆鲁鱼，一路行乞寻找党组织，从瑞金来到汕头，又辗转到上海，直到1937年10月才在重庆找到党组织。闽东苏区失陷，曾志从福建找到广州，后来又到上海，“尝尽了失群孤雁的辛酸苦辣”，历时20个月终于重新“投进了党的温暖怀抱”。大将许光达誓言“死不退出共产党”，大革命失败后两度与党失去联系，两度重新找到党组织。这些共产党人，以坚定的意志、不懈的追求，刻写出对党的忠诚，对信仰的坚守。

以投机之心对党，或对党忠诚不坚贞，迟早是要出问题的。从落马贪官的忏悔录中，往往看到他们痛心疾首自己从忠于党的热血青年，一步步蜕变为背叛党的可耻之徒。每一名共产党员都曾面向党旗宣誓“永不叛党”，但总有人渐渐忘却初心，与党离心离德。这警示我们，对党忠诚，必须是绝对而不是相对的，必须是一辈子而不是一阵子。

有的党员干部只把忠诚当作口号，说一套做一套，做不到真正忠

诚。比如嘴上信仰马克思主义，但盖办公楼要请“风水先生”，整天烧香拜佛；有的标榜与党中央保持高度一致，但私下对国内国外各种思潮不辨是非黑白，对各种奇谈怪论习以为常，甚至乱发评论、妄议中央；有的当“裸官”，一边享受社会主义红利，一边随时准备跑路；等等。这样的领导干部仅仅把忠诚作为外在装饰品，走上背叛组织的不归路不足为怪。

有的党员干部以人无完人、金无足赤为借口，不以绝对忠诚要求自己，大错不犯、小错不断，还沾沾自喜；投机钻营，心存侥幸，游走于党的事业与个人利益之间；等等。习近平总书记指出：“对党绝对忠诚，要害在‘绝对’两个字，就是唯一的、彻底的、无条件的、不掺任何杂质的、没有任何水分的忠诚。”就对党忠诚的“纯度”而言，没有99%，只能100%。党员忠诚度上欠缺的“1%”，很可能成为信念滑坡的第一块“石子”，一旦遇到特定环境，剩余的99%很容易土崩瓦解。现在，一些违纪违法的党员干部，不少也曾怀着对党的满腔忠诚投入事业，但却因政治定力不够，在一些小事上开了口子，导致底线不断退守，最终滑向深渊。

有的党员干部“为山九仞，功亏一篑”，没做到永远忠诚。有的在符合个人意愿时对组织一心一意，个人诉求得不到满足时就对组织心生怨言；有的在工作生活顺风顺水时信念坚定，一遇到困难挫折就迷茫动摇；有的在事业处于上升通道时对组织充满信心和感激，一旦进入瓶颈期或升迁受阻就觉得组织亏欠自己，走上岔路；有的一辈子小心谨慎，清廉自守，临近退休时环顾左右，心理失衡，产生了用权力最后一搏的念头，晚节不保。

对党忠诚是一个严肃的政治要求，是每个党员干部终生都要面对的重大考验。战争年代，选择了入党，就意味着随时准备为党的事业牺牲生命。现在，我们所处的环境和条件发生了很大变化，尽管生与死、血与火的洗礼少了，但对党忠诚面临的考验仍然是复杂的、严峻的。

始终面临事业责任的考验，必须心无旁骛、恪尽职守。对党忠诚最重要的就是忠于党的事业，知责思为，履责能为，尽责善为。新形势下，党员干部肩上的担子越来越重，能力和作风方面的要求越来越高，履职尽责面临的考验越来越大。要戒懈怠、戒浮躁、戒安逸、戒虚假，始终保持蓬勃朝气、昂扬锐气和浩然正气，以对党和人民事业高度负责的精神干事创业。

始终面临进退得失的考验，必须服从大局、淡泊名利。如何对待进退得失，最见人的觉悟和境界，最能反映党员干部对党的忠诚度。现在，一些党员干部患得患失，这与共产党人的精神追求极不相符。党员干部要始终胸怀大局，把党和人民事业的成功视为个人的最大成功；正确对待组织，摆正个人与组织的关系，始终铭记组织培养之恩；保持平常心态，在职务晋升、生活待遇等方面知足，在能力素质、履职尽责等方面知不足，以平常之心对待个人进退得失。

始终面临各种诱惑的考验，必须保持气节、严格操守。党员干部手中都掌握着一定权力，面临诱惑的考验更多一些，如果不保持警惕，就可能被“糖衣炮弹”击中，在各种诱惑面前打败仗、摔跟头。要守住思想道德的防线，始终坚守共产党人的精神家园；守住纪律规定的红线，做到任何情况下都稳得住心神、管得住行为、守得住清白；守住廉洁自律的底线，始终做到情趣健康、一身正气。

对党忠诚一阵子不难，难在一辈子忠诚。共产党员终其一生在党言党、在党忧党、在党为党，才算实现了“为共产主义奋斗终身”的入党誓言。“人之忠也，犹鱼之有渊”。每一名共产党员都应该真正把政治坚定、对党忠诚铭刻在自己的灵魂中，始终坚持党的原则第一、党的事业第一、人民利益第一，把对党忠诚作为自己毕生的选择，为党和人民的事业奋斗终身。

第三章

常存为民的情怀

为人民服务是党的根本宗旨和行动指南。全心全意为人民服务，党员干部是职责所系，更是价值所在。能否牢记宗旨、心系群众、服务人民，是衡量党员干部是否合格的试金石，也是人民群众对党员干部进行评判取舍的关键点。党员干部必须做人民公仆，忠诚于人民，诚心诚意为人民服务，致力于实现好、维护好、发展好广大人民的根本利益，始终保持同人民群众的血肉联系。

一、践行党的宗旨，始终心中有民

以人为本、执政为民是检验党一切执政活动的最高标准。

——习近平

众所周知，中国共产党的宗旨是“为人民服务”。回望我们党近百年历史，始终围绕着一个中心——“人民”，始终坚持着一种行动——“为人民服务”。只有理解了党与人民的关系，看到了中国共产党人的坚守，才能破译中国共产党的“成功密码”：为什么能够从各种政治力量中脱颖而出，为什么历经挫折还能得到人民的信任支持，为什么能不断创造一个又一个奇迹……

为人民服务，是由党的本质属性决定的。党章规定，“党除了工人阶级和最广大人民群众的利益，没有自己特殊的利益。”党的根基在人民、血脉在人民、力量在人民，手中的权力是人民赋予的，而共产党员本身就是人民的一分子，从群众中来，到群众中去。我们党从成立的那一天起，就把为人民服务作为自己的根本宗旨，把维护工农阶级和全国各族的利益作为党的一切活动的出发点和落脚点。党从诞生之日起，就带着“为民”的烙印。

从毛泽东的“全心全意为人民服务”，到邓小平打动世界的经典自白“我是中国人民的儿子”，到江泽民反复强调的“代表中国最广大人民的根本利益”，胡锦涛的“权为民所用、情为民所系、利为民所谋”，再到习近平的“说到底还是为人民服务这句话。我们党是为人民服务的”等，中国共产党始终将“为人民服务”作为立党之本、执政之基。

正如一位学者所言，任何政党都必须行动着，如果没有行动，政党必然从政治中出局。90多年来，正是因为将革命、建设、改革的宏伟蓝图转化为波澜壮阔的伟大实践，将为人民服务的纲领、路线和政策转化为人民群众的共同奋斗，党才不断从胜利走向胜利。新的历史时期，重申“人民”的重要性，继续实践“为人民服务”的理念，依然呼唤这种“行动的政治”。

党的最大政治优势就是密切联系群众，有最广大人民群众的真心拥护和支持；党执政后的最大危险就是脱离群众，并因此失去最广大群众的政治信任。党风问题、党同人民群众的联系问题，是关系党生死存亡的问题。人民的利益就是党的利益，全心全意为人民服务就是对党忠诚。

践行党的宗旨是当今社会发展的必然要求。一方面现代科技革命推动下的经济全球化发展以及由此引起的世界经济、政治、文化关系的重大调整和变革，使党对广大人民群众根本利益的认识和把握处在一个变动的世界背景下。如何坚持党的宗旨并不断增强党的宗旨意识，就成为执政党的党员必须面对的一个新的实践课题。另一方面改革本质上是一种利益关系的调整。由于体制改革、地区差距、行业特征、就业状态等原因导致社会成员利益诉求多样化，这就使党员坚持党的宗旨及增强宗旨意识都处于一个新的社会环境中。在世情、国情、党情已经发生和继续发生变化的情况下，全党只有坚持党的宗旨并不断强化宗旨意识，牢记人民的信任和重托，更加奋发有为，兢兢业业地工作，才能继续推动科学发展，促进社会和谐，才能继续改善人民的生活，增进人民福祉，最终完成时代赋予的光荣而艰巨的使命任务。

践行党的宗旨是加强党员队伍建设的迫切要求。党员是党组织的肌体细胞，党员的宗旨意识强弱直接影响着党组织先进性的体现。不断增强宗旨意识也是加强党员队伍建设的一项基本工程。应当承认，绝大多数的党员干部的宗旨意识是强的，但仍有部分党员干部在宗旨意识方面存在诸多不足：有的宗旨意识淡薄，对群众缺乏感情，不惜牺牲群众利益而搞所谓的“形象工程”、“政绩工程”；有得虽然有为人民服务的热情，但方法简单，凭热情“拍脑袋”做决策，不按规律办事，到头来是“劳民伤财”；有的对群众提出的诉求敷衍了事，对群众反映的问题久拖不决甚至放任不管。更有甚者，严重背离党的宗旨，违法违纪、以权谋私、腐化堕落、与民争利，彻底走向了人民的对立面。因此，必须从增强党员宗旨意识抓起，强化“为民务实清廉”理念，才能充分调动广大党员群众工作的主动性和积极性，才能真正提高党员队伍建设的整体水平。

践行党的宗旨是巩固党的执政地位的客观要求。党的历史和实践表明，始终如一并毫不动摇地坚持“全心全意为人民服务”的意识宗旨，是我们党从弱到强不断发展壮大的根本。在新的历史条件下，党面临的执政考验、改革开放考验、市场经济考验、外部环境考验是长期的、复杂的、严峻的，尖锐地摆在全党面前，在复杂的国内环境和长期执政的条件下，只有不断增强广大党员干部的宗旨意识，始终把人民的利益放在首位，我们党才能真正提高为人民服务的本领，才能经受住“四种考验”，抵御住精神懈怠、能力不足、脱离群众、消极腐败这“四种危险”，带领广大人民群众实现全面建成小康社会的宏伟目标。

服务是权力的本质所在，心无百姓莫为官。在古代，爱民如子、视民如伤是为官从政最基本的“官德”。现代行政伦理更是强调权力的公共性和普惠性功能。于共产党人而言，“为人民服务”前加上了“全心全意”的限定词，执政为民的底色更显沉稳厚重。从焦裕禄到杨善洲，从郭明义到菊美多吉，胸怀百姓、心系民生，向来是好党员好干部的共有品质。

是牢记“为民”之本、心系群众、服务人民，还是当官做老爷、高高在上、脱离群众？这是衡量一个党员是否合格的试金石。作为党组织肌体的一个个细胞，每个党员干部都需身体力行，将“为民”牢记心中。党员干部必须从思想上增强宗旨意识，用“全心全意为人民服务”的宗旨规范自己的言行，始终把人民放在心中最高位置，自觉做到以人为本、执政为民。

一是把群众满意作为“第一标准”。一切为了人民、一切依靠人民，是我们党一切工作的根本出发点和落脚点。群众在我们心里的分量有多重，我们在群众心中的分量就有多重，因此，每个党员干部都要心系群众，牢固树立群众意识、公仆意识、服务意识，做到情为民所系、权为民所用、利为民所谋，时刻牢记群众利益无小事的道理，时刻把群众的安危冷暖挂在心上，凡事先考虑人民群众满意不满意，拥护不拥护，答应不答应，使各项决策和工作切合客观实际，体现群众的要求，符合群众的利益，坚持用科学的态度和求实的精神为群众办事，不做伤及群众感情及利益的事，只要有利于人民群众的事，都积极主动地做、充满感情地做、全力以赴地做。

二是把推进发展作为“第一要务”。人民群众过得好不好，最后仍然取决于发展快不快、好不好。发展得越好越快，人民就富得越快，得到的实惠就越多，社会就越稳定，我们党就越得民心。因此，党员干部要牢记党的宗旨，一心一意谋发展，聚精会神搞建设，团结带领人民群众创造幸福美好生活。同时，在发展中要切实处理好维护人民群众的利益，把发展同人民的共同利益结合起来，真正做到发展为了人民、发展依靠人民、发展成果由人民共享，让更多的人民群众得到实惠。当发展与人民利益有矛盾冲突的时候，无论是企业改革还是征地拆迁，无论是历史问题还是现实矛盾，都要发扬党的密切联系群众的优良作风，依法依规办事，作决策、办事情只有取得绝对多数群众的理解与支持，才能实施；反之就必须慎重再研究、再考虑。

三是把服务群众作为“第一能力”。为人民服务的宗旨自然也要体现在具体工作之中。因此，只有为人民服务的良好愿望不行，还必须把良好的愿望与过硬的本领结合起来，努力提高为人民服务的本领。同时做到爱岗敬业，以积极认真、尽职尽责的态度对待工作，干一行爱一行，钻一行精一行，成为本职工作的行家里手，真正把心思集中在“想干事”上，把本领体现在“会干事”上，把目标锁定在“干成事”上，在本职岗位上创先争优，努力创造出无愧于时代、无愧于历史、无愧于人民的一流业绩。

二、群众路线是法宝，树高千尺不忘根

在我党的一切实际工作中，凡属正确的领导，必须是从群众中来，到群众中去。 ——毛泽东

群众路线是党的生命线和根本工作路线，是我们党取得革命建设改革胜利的一大法宝。党的群众路线集中体现了马克思主义的唯物史观和认识论，体现了党的性质和宗旨，体现了对群众历史地位和作用的深刻认识。

在工作中，党形成并始终坚持了“一切为了群众、一切依靠群众，从群众中来、到群众中去”的群众路线。党的群众路线正确地反映了领导活动的一般规律，是实现党的思想路线、政治路线、组织路线的根本工作路线，是党的优良传统和政治优势。历史经验反复证明，什么时候党的群众路线执行得好，党群关系密切，党的事业就顺利发展；什么时候党的群众路线执行得不好，党群关系受到损害，党的事业就会遭受挫折。

群众路线是我们党的生命线和根本工作路线。党90多年的光辉历史，就是一部依靠群众、服务群众、宣传群众、组织群众、团结和带领群众，共同为党和人民的伟大事业不懈奋斗并不断胜利的历史。坚持和发展党的群众路线，事关根本，事关长远，常做常新，永无止境。

“一切为了群众”，体现了马克思主义的鲜明立场。中国共产党作为无产阶级政党，决定了党的根本性质和唯一宗旨就是全心全意

为人民服务，除了忠实地代表人民群众的根本利益以外，党本身没有其他任何特殊利益；决定了党必须保持求真务实的工作作风，把为人民服务、为群众谋利益落实到行动上，充分调动起群众的积极性、主动性、创造性，领导群众完成党的各个时期的工作和任务；决定了在党的队伍中，每一名党员，不管他的职务有多高，都应该具有不计个人得失、无私奉献的伟大精神，都应该是人民群众的勤务员，把为人民服务作为自己义不容辞的职责和义务，都应该把人民群众的利益放在至高无上的地位，服从最广大人民的根本利益。

群众路线还具有方法论意义，它是党的领导方法和根本工作方法。党的根基在人民、血脉在人民、力量在人民，保持党同人民的血肉联系是党无往而不胜的法宝，也是党始终保持先进性和纯洁性的法宝。群众路线在方法论层面上就是从群众中来、到群众中去。这充分体现了马克思主义认识论中从实践到认识、再从认识到实践辩证统一的思想。

群众路线是党在长期的革命建设改革过程中积累的宝贵经验。人民群众是党的力量源泉和胜利之本。经验表明，在革命建设改革各个历史时期，党和人民的事业之所以能不断取得胜利，靠的就是群众路线，靠的就是我们善于发挥组织群众、宣传群众、教育群众、团结群众的工作优势。现在，无论世情、国情、党情发生了怎样的变化，无论工作的内容、形式、任务发生了怎样的变化，为人民服务的宗旨不能变，代表最广大人民根本利益的原则不能变。

树高千尺不忘根。不忘初心，不忘本来，不忘根本，无疑是对每一名党员干部的起码要求。越是在经济发展关键期、社会转型深水区，越需要唤起对人民群众的赤子之心，越需要坚守群众路线这条“执政生命线”。人民永远是靠山。对党员干部而言，怀着一颗赤诚之心深入群众，修身立德便有了可靠基石；始终把老百姓摆在最重要位置，为官从政便有了行事指南。今天我们坚持走群众路线，就是要看万家灯火、念百姓忧乐，让“立根原在群众中”的情怀常驻心田；就是要修身明志、实干苦干，打通为民服务的梗阻，彰显共产党人的责任。

一是充分尊重群众。相信谁、依靠谁、为了谁，是否始终站在最广大人民群众的立场上，是区分唯物历史观和唯心史观的分水岭，也是判断马克思主义政党的试金石。尊重群众，就是要以公仆之心对待群众，就是要以谦虚姿态问政于群众，就是要毫不动摇地依靠群众。尊重群众，才能把广大群众的积极性、创造性充分调动起来，推动各项工作。可令人忧虑的是，有的党员干部所作所为的立足点不是群众的根本利益，而是把“上面”的评价当成唯一的标准，把个人的需要当成群众的需要，甚至陶醉于个人愿望的实现，却对百姓诉求置若罔闻，对群众疾苦视而不见，自然得不到群众的理解和支持。实践证明，无论何时何地，唯有把理想追求和奋斗目标与群众的根本利益和真实愿望有机结合起来，党的方针政策才能走进群众内心，转化为自觉的行动，升华为共同的价值追求，凝聚成不可战胜的力量。

二是真心依靠群众。如果搞不清楚“依靠谁”，就找不到依靠的力量，再美好的社会理想也只能成为空想。历史唯物主义认为，人民群众是人类社会发展的决定性力量。只有人民群众，才是历史的真正创造者，才是真正的英雄。任何政党都不可能离开它的群众基础而生存发展。正如古希腊神话中的巨人安泰，离开了大地，就失去了克敌制胜的力量。回顾历史，每当党的事业面临重大挑战，每当中国的前途命运面临向何处去的重大关头，总是用人民群众的力量推动历史车轮前进。充分相信群众、紧紧依靠群众、紧密团结群众，这是党的事业成功的根本保证。坚决依靠群众，关键是在思想上牢固确立人民群众的主体地位，在工作中坚持从群众中来、到群众中去的根本方法，做到问政于民、问需于民、问计于民。凡属正确的决策必然是将群众的意见集中起来、化为系统的意见，再回到群众中去、使之成为群众的行动。面对层出不穷的新情况新问题，必须尊重群众首创精神，充分发挥群众的主体作用，激发群众创造，集中群众智慧，使各项工作始终保持旺盛的生机活力。

三是悉心了解群众。为群众服务，要先弄清楚群众要我们干部做什么。决策最忌“闭门造车”、“写手策划”和“一厢情愿”。一些地方决策群众“不买账”，一些民生措施群众“不认账”，原因就是决策没有落到群众心坎上。为此，领导干部应当经常深入基层调研，了解群众最急、最盼、最想解决的现实问题，尽可能地扩大听取群众意见建议的范围，发扬民主、集思广益，使调研过程成为倾听民声、了解民愿、集中民智的过程，成为发动群众、依靠群众解决突出问题的过程。为群众服务，还要弄清楚干部能为群众做什么。在社会群体、行业分工、工作岗位日益多样化的今天，要全面了解各社会群体的利益需求，就必须在搞好实地走访的基础上，积极创造联系群众的新方式、新方法，特别要拓宽和疏通反映社情民意的渠道，注意通过网络了解社会矛盾焦点、群众苦乐和民心民意，尽可能办好顺民意、解民忧、惠民生的民生问题，让人民群众真正共享科学发展的成果。

四是由衷敬畏群众。人民最可敬也最可畏。民意如水，水可载舟，亦可覆舟。群众是事业成败的决定力量，必须敬畏群众、坚守共产党人的承诺。古人说，“天下之事，成于惧而败于忽”，“官有所畏，业有所成”。邓小平曾经讲过，共产党员谨小慎微不好，胆子太大也不好，要怕党、怕人民群众。古今中外，一些政权更迭、政党兴衰，也一再告诫我们，群众的力量最强大，对群众心怀敬畏，才能获得支持拥护、站得牢立得住，如果忽略了群众，就会被群众所抛弃。有敬重人民之念，就会自觉加强品德修养，党员干部应当经常用群众这面镜子照照自己，匡正自己的人生追求，校验自己的责任态度，衡量自己的职业精神，尽心竭力为人民服务。

三、爱莫高于爱民，感情冷漠要不得

没有“人的感情”，就从来没有也不可能有人对于真理的追求。

——列宁

所谓“感情冷漠症”，就是对情感反应迟钝、对人或事无兴趣、无责任感，无法与人建立真实的、深刻的情感依赖。

陷入冷漠状态的领导干部大多精神萎靡不振，失去工作的热情，精神上感到极度空虚，对工作无动于衷、对同事对群众漠不关心，对群众反映的问题麻木不仁、冷硬横推，对服务对象态度生硬、缺乏耐心，仿佛一切都与己无关。

一些患上“感情冷漠症”的干部，有的对人民群众缺乏感情，不把群众安危冷暖放在心上，官气十足，高高在上，颐指气使；有的热衷于灯红酒绿，沉湎于声色犬马；有的喜交权贵，嫌贫爱富，对人民群众盛气凌人、不理不问，既没爱心，又没耐心，特别是对一些困难群众更是不屑一顾；有的习惯于端坐“衙门宝座”，很少走到基层、走进群众倾听群众呼声和愿望，即使走出去也是摆摆谱、作作秀；有的脱离实际，好大喜功，热衷于搞一些中看不中用的“形象工程”，对事关群众切身利益的民生问题缺乏责任、缺乏激情，不推不动，不催不办，甚至以条件不具备等为借口拖延不办。

有些“感情冷漠症”表现在作风上：有的对群众反映的问题，被动解决多、主动化解少，要求部门解决多、直面群众解决少，说话不算数、承诺不兑现；有的对前来办事或表达诉求的群众，要么是“公事公办”的搪塞、要么是事不关己的冷脸、要么是不想管或不愿理的“踢球”、要么是高高在上的白眼，正所谓“门难进、脸难看、事难办”；有的把群众视为“刁民”、“贱民”和“草民”，对待群众态度恶劣、随意训斥，出了问题一味责怪群众觉悟不高；有的做群众工作只会“通不通三分钟、再不通龙卷风”，用压服代替说服；有的把“下基层”变成了“吓基层”，下乡途中往往警车开道，前呼后拥，对群众的正当呼声充耳不闻，对群众的疾苦视而不见，让群众想解决的问题不了了之，让群众只能忍气吞声、心寒意冷。

在一些领导干部心里，一个人、一群人乃至所有人的冷暖安危、生死存亡，仅仅具有统计学意义，其实是无足轻重的。然而，患有“感情冷漠症”的人，在对上级和领导时，态度、方法和方式就大不一样了。例如：领导来了解情况，他们会热情地迎来送往，领导喜欢听什么他们就说什么，“感情冷漠”的症状会烟消云散；而在对待下级和群众时，他们要么是吆三喝四声色俱厉，要么是目无群众讲狠话，此时“感情冷漠”的症状似乎又严重了许多。“感情冷漠症”的后果，不言自明，它不仅冷漠掉了党的优良传统和作风，冷漠掉了群众对党和政府的信任和期望，而且也最终冷漠掉了他们自己。因为，从现实生活来看，虽然患“感情冷漠症”的人不一定都走向腐败，但腐败者大都患有“感情冷漠症”。其后果会因“病情恶化”而导致权力的滥用，并最终被收回权力。

这种“感情冷漠症”的存在，表明一些领导干部背离了党的宗旨，值得高度警惕。这些行为不仅有损干部的形象和威信，更会降低党员干部在群众中的凝聚力和向心力。因为，领导干部如果对人民群众“冷漠”，不但会损害人民群众的利益，而且会破坏党和人民群众的血肉联系，动摇党的执政基础。“冷漠症”实为领导干部之大忌。

冷漠的根源在于轻视。对生命缺乏敬畏之心、悲悯之情，对群众利益缺乏责任意识，对民生疾苦缺乏人文关怀，构成了所有冷漠官腔的潜台词。一个领导干部看到老百姓的疾苦，如果没感觉，心里不发热，肯定是立场有问题。

领导干部如何对待群众问题，是一个根本的立场问题、世界观问题。只有对人民群众怀抱一腔真情，对人民群众的冷暖疾苦感同身受，才能始终保持对群众呼声和愿望的高度敏锐，才能想群众所想，急群众所急，办群众所需，为群众诚心诚意办实事、尽心竭力解难事、坚持不懈做好事。

权为民所赋，领导干部的权力来自人民。如果领导不爱人民群众，不能够为人民群众办实事、办好事、办正经事，不能够在老百姓最需要的时候挺身而出，不能够及时解老百姓于危难之中，这样的官员就不配在领导岗位上。

一个领导干部影响力的大小，主要来源于情商的作用。情商指数高的领导，其人格魅力也强大；情商指数低的领导，哪怕智商很高，其人格魅力也是低下的。只有高尚的情感，才能鼓舞人、激励人。很难想象，一个唯我独尊、情感冷漠、心理黑暗和有情感表达障碍的人，会成为一个充满魅力的领导；也很难想象，一个人与人之间的关系都处理不好的人能当好领导。爱因斯坦说过："智力上的成绩。在很大程度上依赖于性格的伟大。"一个领导者的成功，80%来自情感方面，即丰富的情感、良好的人际关系和处世能力。

领导干部由于工作的特别性，不能轻易地表露自己的感情，不能感情用事，遇事要冷静，处世要稳重；加上官场流行的潜规则，好像不严肃便不足以立威，表情可以严肃一些、冷峻一些。但是，不可以把冷静和感情对立起来，一对立，就好像隔了一层，老是一些套话，老是一些过分的程序，这就是官僚主义。领导干部在内心里不能没有感情，无情者连做人都做不好，更不能指望他做个好官。

一个领导干部应该有两种基本的感情：对人民要有感情，对工作要有激情。对人民有感情，是一个领导干部所必须具有的最起码的思想素质。对工作有没有激情，是事业心和责任感的问题。领导干部对人对事要充满感情。当然这个感情不是低层次的感情，处理问题还是要很理智，但是这种理智也是有感情的理智。

党的领导干部，像邓小平同志的南方谈话就充满感情。他讲"我是中国人民的儿子"，多有感情啊！孔繁森最喜爱这样一句名言："一个人爱的最高境界是爱别人，一个共产党员爱的最高境界是爱人民。"孔繁森深爱着自己的家人，但他的心里还有一份更炽热、更深沉的爱。正是这个爱的境界，促使孔繁森把党的召唤当作自己的选择，两次进藏，历时十载。正是因为心中有这份爱，使孔繁森不惧严寒，在暴风雪中把毛衣脱给一位藏族老阿妈；献出900毫升鲜血，抚养从地震废墟上领养的3名藏族孤儿，奉献的是比血还浓的大爱。

防止出现感情冷漠，首先要端正价值观和从政理念。当官要先认真想一想：为谁“当官”，“当官”干什么，“当官”的责任有多大？在内心里解决好“为了谁、依靠谁、我是谁”的问题。古代封建社会当官是做老爷，“千里做官为发财”，“一人得道，鸡犬升天”，这种封建等级观念、特权意识决定了他们必然会凌驾于人民之上作威作福。而在社会主义国家里，领导干部手中的权力是人民赋予的，为人民群众谋利益是领导干部全部工作的出发点和落脚点。领导干部感情的最高境界就是对百姓的一片赤诚之心。只有领导干部摆正了位置，真正拜群众为师，当好群众的服务员，才能真正沉下身子走到群众中，也才能发现问题解群众之忧，才能与群众建立密切的鱼水联系。

防止出现感情冷漠，要增强社会责任感。职务就意味着责任，权力就意味着压力。有职务没有责任，有权力没有压力的好事应该找不到。而且职位越高、权力越大，肩上的责任就越重。一个领导干部有了责任心，就能经常地进行自我检查、自我监督、自我评价。做了有利于人民的事，就会感到满足和欣慰；若为官一任，政绩不佳，就深感内疚、惭愧和悔恨。有了责任感，办事情，作决策，特别是在做出关系到人民根本利益的重大决策时，总是格外谨慎，如履薄冰，唯恐有负于历史和人民。时下的社会，只要人人把认真履行职责、切实服务大众当作自身的追求，就一定能够消除冷漠，建立和谐的人际关系。

防止出现感情冷漠，要增强人文精神。同情心是一种基本的人文精神，同情心是对他人利益和幸福的关注，对同胞的善意和爱心。正是更多地同情别人，同时同情我们自己，约束我们的自私自利之心，激发我们的博爱仁慈之情，才构成了人性的完善；也只有这样，才能在人类中产生得体与合宜即在其中的感情的和谐。领导干部对下属和服务对象要有人文关怀，加强沟通、消除隔阂。有些人不屑于同服务对象沟通交流，对其冷若冰霜，只会按部就班，程序化操作，这是一种带有官僚主义习气的冷漠。有些人不懂得“权为民所用”的道理，常常是居高临下、盛气凌人，在无形当中对服务对象造成了伤害。因此，真心实意地对服务对象进行人文关怀，才能将人格魅力和领导水平提升到一个崭新水平。

四、经常深入基层，做群众的贴心人

只有把群众放在心上，群众才会把我们放在心上，只有把群众当亲人，群众才会把我们当亲人。 ——胡锦涛

人心是最大的政治。“民者，万世之本也”，“天下之治乱，不在一姓之兴亡，而在万民之忧乐”，“政之所兴在顺民心，政之所废在逆民心”，千百年来的历史风云变幻莫测，演绎着治乱兴衰的内在规律，人民正是这规律的关键。今天，时代需要党员干部更加深刻地理解和把握这一点，进而做不放空炮、说到做到的躬行者。

与群众打成一片，是共产党人与人民群众血肉相连、水乳交融的亲密关系。共产党来自人民，人民群众是共产党的衣食父母，共产党人是人民群众的忠实儿女。党的一切权力都是人民赋予的，党的各级干部无论职位高低、权力大小，都是人民的公仆，密切联系群众应该

是党员干部的本分。

为什么要讲密切联系群众？因为我们是共产党，是代表人民利益的党。我们党的宗旨是为人民服务。不联系群众，何谈为人民服务？党员干部来自群众，服务群众就应成为一种基本情怀。我们讲情为民所系，本质就是要密切联系群众，把人民利益作为履职尽责的根本出发点和落脚点。

党的最大政治优势是密切联系群众，党执政后的最大危险是脱离群众。这些道理在一些干部那里，嘴上给别人讲起来头头是道，唯独不见自己的行动。有的将群众“摆得过远”，不愿与群众做亲人，生怕群众抓“小九九”、“揭伤疤”；有的将群众摆得过低，看不起群众，视群众为“土包子”，不屑向群众学习，不情愿为群众办实事。以致出现了这样的悖论：交通发达了，干部离群众却越来越远了；通信方便了，干部联系群众却越来越少了；群众来访了，希望干部当主心骨，干部反而躲起来了……这些不良现象都会导致党员丧失群众基础，淡化党群深情，危害不浅。

群众是明眼人，对干部的一举一动，甚至一个眼神，群众都在心里默默打分。有的干部对基层群众缺乏感情，有意无意地瞎摆谱，表面上深入基层，实际上心里充满隔阂感。群众嘴上不说，心里像明镜一样。相反，如果把群众的事都搁在心上、解决在实干中，老百姓自会拿干部当亲人。天下至难得者，人心也。群众在干部心里有多重，干部在群众心里就有多重。联系群众、服务群众的心思理顺了，和群众打成一片，才能成为同甘共苦的一家人。

思想感情靠思想感情融通，也靠实际行动培养，因此要时时亲民近民。亲近，有亲才有近，近了才更亲。不往来，便生疏；少交流，难沟通。常走动，常“回家”看看，到群众中拉家常，问冷暖，解忧难；接“地气”，汲营养，聚力量。走动越多，走入越深，思想感情越深厚。

密切联系群众，首先要破除官贵民轻的思想。党的干部无论职务高低都是人民的公务员，与群众只有分工不同而没有高低贵贱之分。有了这种认识，直接联系群众就具备了思想基础。但遗憾的是，有的领导干部公仆意识日渐淡薄，官老爷意识却日益滋长：在群众面前板着面孔、端着架子，居高临下、盛气凌人；与群众谈话不是平等交流、协商互动，而是疾言厉色、发号施令。这样的态度和做法会自觉不自觉地在自己与群众之间筑起一道思想和感情的藩篱，使群众因心生畏惧而不敢说实话、道实情，因心怀抵触而疏远之、厌恶之。

其内心深处都是“官本位”封建思想和衙门作风在作祟，其骨子里把自己当成了“老爷”，把群众当成了“仆人”。一句话，自身角色错位，价值观偏移，高看了自己，低看了群众。所以，领导干部只有消除“官本位”思想，摈弃衙门作风，让公仆意识和执政为民的理念在头脑中深深扎根，才不会把自己当“大人”看，才能以平等的态度、平和的心态与群众接触和交流，联系群众才能直接、有效。

党员干部不要忘了自己是群众，要把自己当常人、凡人看，才会居官不骄、不满、不霸，处处以平民之心要求自己、看待自己。随着我国社会主义民主政治的不断发展，任何故作高深、高高在上的做派都难以让人接受。相反，越是主动放低身段与群众沟通交流，用群众的语言说话，用群众习惯的方式开展工作，就越会受到群众的欢迎，越会赢得群众的尊重。当年，朱德带头下田，帮助农民插秧收稻、车水抗旱；周恩来、张闻天带头参加礼拜六义务劳动，为军属地里除草、种菜、挑水……在群众眼里，我们党的领导人不是骑马坐轿的“大官”，而是平凡如田舍翁的自家人，自然就能话说到一起、情融到一起、心贴到一起。

密切联系群众，就要与群众“坐到同一条板凳上”。只有以平等之心对待群众，尊重群众、相信群众，与群众面对面、心贴心地交流，才能把握群众需要、做好群众工作，并和群众越走越近、越来越亲。相反，如果与群众见了面，也要摆出一副领导派头，端架子、甩脸子、耍性子，其结果只能是干群关系淡化、疏远甚至紧张。

真心与群众为友，就要放下架子。党的好干部杨善洲喜欢和群众打成一片，进了群众家，就往板凳上一坐，同他们共饮一壶茶、同抽一袋烟；碰到吃饭了，就加双筷子添个碗……这种亲密无间的党群干群关系，让人感觉不到一丝生疏，感觉不到一点距离。有了这种亲密无间的关系，才能从群众那里听到真话、摸到实情，在其乐融融中，与群众交心说事；在平等交流中，与群众心心相印。

和群众坐在一条板凳上，就要求党员干部想问题、作决策都要从群众的需要出发，维护群众的利益。和群众坐在一条板凳上，就要求党员干部在遇到矛盾和问题时，善于换位思考，多替群众着想。和群众坐在一条板凳上，要求党员干部用群众语言说家常话，讲群众能够接受的理，与群众交得上心，和群众越走越近、越来越亲。只要始终和人民坐在一条板凳上，群众关于党群、干群关系不如从前的心结就会慢慢解开，就会拥护我们、支持我们。

党员干部要经常深入基层一线和广大群众中间，满怀热情地为群众排忧解难。要变群众上访为干部下访，经常迈开脚步，到困难大、矛盾多的地方去解决问题，到群众意见大、怨气大的地方去理顺情绪，到工作推不开、情况复杂的地方去打开局面，真正成为群众的知心人、好朋友，更好地架起党员干部和人民群众之间的同心桥。

密切联系群众，最难的是要走进群众心里。俗话说："锅不热，饼不贴。"干部对群众态度如何，直接决定了两者近乎不近乎，和谐不和谐。与群众进行"零距离"交流，人靠得近，心贴得紧，在平等相处之中与群众打成一片，在其乐融融之中与群众心心相印，这样必然能够得到广大群众的衷心拥护和支持。

"心贴心"是根本。群众看干部，最重要的不是看你送去多少钱，而是看你送去多少心。干部只有把群众放在心上，把群众当亲人，才会对群众有真情，才听得到群众的心声，真正接到"地气"。焦裕禄同志风雪天看望双目失明的五保老人，当老人问他是谁时，他动情地说："我是您的儿子。"所以，人民群众都把他当作贴心人。

只有走进群众心里，群众心里就会不再设防。"一心为民的好书记"郑培民经常说："密切党群干群关系是要讲感情的。"如何讲感情呢？就要像对待亲人、朋友那样对待群众，捣毁彼此之间的心墙，互相靠近，相互依赖。听一些老百姓亲热地说"培民是我的好朋友"，"培民是我的好兄弟"，就知道郑培民与百姓之间是没有心墙的。而没有心墙的状态，就能"人心齐、泰山移"，提振干事创业的精气神，办成大事、办成难事、办成好事。

五、学会讲群众语言，擅长与群众沟通

如果希望成为一个善于谈话的人，那就先做一个注意倾听的人。

——戴尔·卡耐基

沟通如同呼吸，在社会生活中不可或缺。良好的沟通，可以密切党群、干群关系，推进各项事业发展，维护社会的和谐稳定。沟通能力的好坏，已经成为衡量领导水平、检验执政理念的重要标准。

在现实生活中，一些党员干部的文化层次提高了，与群众沟通能力反而降低了。习近平在任浙江省委书记时，曾就一些干部不会说话而批评道：他们与新社会群众说话，说不上去；与困难群众说话，说不下去；与青年学生说话，说不进去；与老同志说话，给顶了回去。

事实表明，一些干部与群众沟通的能力堪忧。在一些干部看来，做群众工作无益于仕途升迁，这方面能力欠缺点无伤大雅。果真如此吗？看看那些脱离群众的惨痛教训："替党说话还是替老百姓说话"的雷人雷语，"没有强拆就没有新中国"的蛮横逻辑，"是听你说呢还是听我说"的粗暴方式……脱离群众，把干群之间的"鱼水关系"异化为"油水关系"，导致一系列矛盾，甚至引发群体性事件，不利于社会稳定和事业发展。

党员干部要当好人民的勤务员，不仅有联系群众的愿望和责任，更要有联系群众的本领。提高与群众沟通的能力，仍然是党员干部的必修课。

与群众沟通，要有正确的姿态。就是要摆正位置，端正态度，与群众开诚布公，推心置腹。如果端着官架子、操着老爷腔，群众避之犹恐不及，更何谈与群众融为一体、打成一片？这样的干部，群众不愿亲近，更不肯对其倾吐自己的心里话。干部只有抛开成见，俯下身子、放下架子，和群众坐同一条板凳，与群众“零距离”交流，以甘当“小学生”的态度向群众求教，群众才会去掉戒备和惧怕心理，无拘无束地敞开心扉，畅所欲言。这样，党员干部才能听到诤言和真话，才能获得好点子、好办法。

讲真话，才会让群众感到可信。不空口许诺，不能有任何花言巧语和官腔官气，在言谈举止上与群众保持一种自然的亲近，群众认为干部“实诚”，自然就会掏出心窝子，打开话匣子。一些干部在做群众工作时，不是出于对群众的深厚感情，抱着为群众解难题、办实事的目的去开展工作，而是为了一己私利或少数人的利益，说漂亮话、干缺德事，心口不一、言行不一，导致人民群众对其产生了戒备心理，他们讲的道理又怎能让群众接受、信服？只有对群众开诚布公、讲真话，才能赢得群众的信任，讲的道理才能让群众心服口服。

讲贴心话，才会让群众感到可亲。紧密结合群众工作、生活和思想的实际，紧紧围绕群众最为关心的热点、难点、疑点问题，讲清、讲好道理。学会换位思考，从关心人、爱护人、帮助人的角度出发，以商量的口气、劝服的方式讲话，做到入情入理，使人如沐春风。切不可摆出一副大领导的架势，给群众留下一种我对你错、我讲你听、我训你受的印象，这样只会适得其反。

与群众沟通，要让群众听得懂。党的干部要在意自己说的话，群众是不是听得懂。毛泽东说：“共产党员如果真想做宣传，就要看对象，就要想一想自己的文章、演说、谈话、写字是给什么人看，给什么人听的，否则就等于下决心不要人看，不要人听。”邓小平不爱做长篇大论，话语简短有力。“发展才是硬道理”、“不管黑猫白猫，抓住老鼠就是好猫”，让人听了就忘不了。

说群众听得懂的话，事关干部的形象。十八大后中央政治局常委与记者见面会，习近平同志诚恳道一声“让大家久等了”，一下子拉近了与在场中外记者的距离；考察武汉市民之家，一句“美女，你好”，令群众津津乐道，倍感亲切。只有说群众听得懂的话，才有魅力。而满口空话、套话的干部，是不会令人爱戴的。群众对空话、套话是十分厌恶的。党的干部，但凡顾及在群众中的形象，切不可做不动脑子、只动嘴皮子的念稿机器。

说群众听得懂的话，体现了诚意。说群众听得懂的话，才能有效率。日本企业家松下幸之助有言：“企业管理过去是沟通，现在是沟通，未来还是沟通。”沟通不畅，谈何执行力、竞争力？这个道理不仅适用于企业。一个国家、一个地方、一个部门的工作效率，很大程度上也要看信息沟通的质量。要为群众排忧解难，首先就要通过有效的沟通，知道忧在哪里，难在何处；要发挥群众的积极性，动员群众的力量，干巴巴的语言也是不给力的。

要说群众听得懂的话，那就要深入群众，和群众打成一片，向群众学习语言，学习表达。要了解群众欢迎什么，不欢迎什么，了解群众的喜怒哀乐。然后，讲话才会有针对性，才会有人听，才会产生力量。

与群众沟通，就要会讲群众语言。要让群众听得懂，就要讲群众语言。群众语言，是广大人民群众在生产生活实践中创造的语言，它反映群众心声，贴近群众生活，集中群众智慧，容易引起共鸣，便于指导实践。群众语言的特点是生动形象，通俗易懂；朴实无华，思想深远；言简意赅，以小见大，让人听得懂、记得住、信得过、用得上。比如，在农村推行联产承包责任制，老百姓把大包干解释为“交够国家的、留足集体的、剩下都是自己的”；后来讲发展与环境的关系，又概括出“既要金山银山，也要绿水青山”；把提倡真抓实干比喻为“喊破嗓子，不如甩开膀子”；等等。这些语言讲起来朗朗上口，听起来言真意切，闻起来泥土芳香，品起来意味深长。

“当从百姓角度、用群众‘土话’拉家常时，当初的冷遇没有了，群众很热情，啥话都说”。一位驻村干部的话，道出了拉家常的最有效方法：站在群众立场想问题，使用群众语言去交流，把文件上的话变成群众听得懂的话说出来，群众才爱听。讲管用的“小”话、不讲虚幻的大话，避免无的放矢、无病呻吟，真正与群众对得上话。

学会讲当地“土话”，让群众感到可近。群众语言具有鲜明的平民化、生活化、本土化特点。因而，做群众工作就要学会运用群众语言，不能一味地追求“阳春白雪”、“高山流水”，而是要运用朴实无华、群众耳熟能详的句子，“打开窗户说亮话”，干部轻轻松松，群众也明明白白。各级领导干部要甘当小学生，经常深入群众，掌握群众语言，使自己的讲话有血有肉、丰满厚实。

每个时代有一个时代的话语体系，群众语言也有与时俱进的问题。如何把老话讲新、让群众语言迸发出新的思想火花，是领导干部讲话的新课题。结合群众语言讲新话，不是局限于讲几个新名词、新概念，更重要的是站在时代前列、引领前进方向，讲出具有强烈的时代气息，能够与时代发展同步、与社会节奏合拍、与人民心声吻合的话。领导干部讲什么样的群众语言，在什么场合讲什么话、在什么山头唱什么歌，应该有所讲究、有所创新。对群众语言，用大脑过滤、用思想升华，把群众语言镀上一层“流行色”，使之更具时代感。

与群众沟通，还要善于讲给群众听。沟通是互相的。在听群众讲的基础上，还需将相应的决策和工作思路及时讲给群众听，这也是做群众工作的一项基本内容。有些工作之所以难于推进、难以得到群众的支持和配合，一个重要原因就是没有把决策和思路及时讲给群众听，或讲得不充分、不透彻，群众有疑问、有顾虑，甚至产生抵触情绪。讲给群众听，才能亮明主张、消除误解，使群众心明眼亮、心齐气顺，形成共识、获得支持。

“灯不拨不明，话不讲不透。”对群众应当知道、最想知道的东西，要讲清、讲明、讲透；对群众的合理诉求，有能力解决的要及时解决，一时不能解决的要耐心解释，寻求谅解；对个别人的不合理要求，要耐心细致地做好解释说服工作，取得群众理解支持。以坦诚真诚的态度与群众平等对话，动之以情、晓之以理，耐心细致地把问题讲透、把道理说清，运用沟通解开群众思想上的心结，消除群众认识上的误区，及时化解群众情绪，在经常性沟通中增加理解、增强互信、密切联系。

六、群众利益无小事，为民办事要办好

要始终把实现好、维护好、发展好最广大人民的根本利益作为党和国家一切工作的出发点和落脚点。——胡锦涛

党的各级干部，不论是领导干部，还是普通工作人员，身上都承担着一定的工作职能。受人民俸养，为群众办事，是每一名党员干部的岗位职责使然。

“为官一任，造福一方。”官不分大小，位不论高低，事无巨细，作为干部最本质最重要的是要急群众所急、想群众所想，踏踏实实为群众办实事、办好事。只要是能够为人民带来实惠的、对人民利益有所增益的事，党员干部都要多办、办好，通过办实事、办好事聚人心、暖民心，赢得人民群众的称赞和支持。

从现实来看，普通群众不会有什么惊天动地的大事。衣食住行、油米酱醋茶，鸡毛蒜皮的小事，对老百姓来说可能就是天大的事。处理不好，就会酿成恶性事件；如果处理得好，老百姓顺气了，就会真心拥护党、拥护政府，所以说，群众的小事不小。凡是关系群众切身利益的事情，都不是小事，也就是说“群众利益无小事”。

凡是涉及群众切身利益和实际困难的事情，再小也要尽全力去办，也要动感情去办；凡是对群众有利、有益于调动群众积极性的事，即使再琐碎，也要不厌其烦地去做好；凡是有损于群众利益、客观上可能引起群众不满的事，就绝不能去做；有些事情虽然出发点是好的，

但条件不成熟，就要缓一缓，不要急着办。群众的利益是大是小，反映的是群众利益在干部心目中的位置，是干部对群众感情的一把标尺。

为群众办事，就要跟群众商量。为群众办事一定要从群众的根本利益出发，从促进经济发展出发，从改善他们的生活质量增强幸福感出发，办群众期盼的事，办群众叫好的事。因此，越是为民办事，越要尊重群众的意愿，注重群众的感受。

现实中有的干部则不然，拉架子，论身份，认为自己“当家”，就得自己说了算，把群众的意见和呼声抛在一边，固执己见，主观武断，一意孤行，盲目决策，结果钱花了不少，可办的实事并没有取得应有的“暖心”效应。更有甚者，自以为是为群众做好事、办实事，为的是公共利益、社会秩序，为此可以不管方式手段、不顾群众意愿、不问现实效果，大搞粗暴执法、野蛮拆迁，出台费而不惠的“惠民政策”、“民心工程”，结果“好事办坏，好经念歪”，费再大的力，群众不领情，社会也不认同。

好事没办好、实事落了空，在很多情况下是由于作风不民主、决策不科学。为人民群众办好事实事，当然应当从人民群众的利益和需要出发，让人民群众了解和参与，争取人民群众的理解和支持。哪些事情该办、该如何办、办的效果怎么样，都应当听取人民群众的意见。如果不管人民群众赞成不赞成，凭想当然、拍脑袋作决策，结果必然是事与愿违、招致不满。

群众中蕴藏着极多的聪明才智。尊重群众，依靠群众，是做好领导工作的根本条件，也是医治主观盲目决策的一剂良方。为群众办实事，必须坚持走群众路线，集中群众的智慧，坚决克服主观主义的做法。所以，在决定为民办哪些实事、用什么样的办法去办之前，一定要深入基层、深入群众，了解百姓苦乐酸甜、所思所愿，广征民意、问需于民，把第一手的情况摸清楚，掌握最真实的材料。问题、难点找准了，解决起来才能把好脉、找好点，避免以长官意志代替群众意愿，把有限的财力用到刀刃上。在决策过程中真诚而充分地听取了群众意见，在落实的过程中就一定会得到群众的帮助与支持，从而提高效率，达到事半功倍之效。

对于那些人民群众反对办、没有能力办的事，不能一意孤行瞎忙活、好高骛远招实祸；对于那些人民群众希望办、具备条件办的事，应当毫不迟疑、尽心竭力去办，真正把为民之事办成惠民之举、办到群众的心坎上。

为群众办事，要集中力量解决群众反映强烈的问题。对待群众反映强烈的问题，必须要逐项研究，一个一个加以整改落实，只有脚踏实地、久久为功，才能给群众带来实实在在的利益。

必须认识到：群众的“难事”推不走、拖不掉，推诿扯皮、推托怠慢只能把事情越搞越糟、问题越搞越大，最终损害的是党群干群关系和政府形象。为此，党员干部必须牢固树立“一切为了群众”的工作理念，恪守为民的宗旨，切实做到民之所难我之所急、民之所呼我之所应，群众急什么、缺什么我们就办什么、做什么，优化服务流程，创新服务举措，让群众少跑一趟路、少进一扇门、少找一个人，让人民群众切实感受党员干部的好作风、好形象。

实际工作中，一些关系人民群众切身利益的事情都是难事、急事、大事，解决起来很不容易，有的是因为缺少基本的物质条件，心有余而力不足；有的是还没找到有效的解决办法，需要不断探索研究。对此，党员干部不能回避绕弯，不能望而却步，要敢于面对矛盾，勇于克服困难，切实想群众之所想、急群众之所急、谋群众之所需，越是困难越要下决心解决，不能使之成为“老大难”。对群众反映强烈、突出的问题，要怀着对群众的深厚感情，以只争朝夕的紧迫感，全力以赴抓紧时间办好。对群众反映的难事、急事，要不等不拖，立说立行，办好“雪中送炭”的事。

要充分利用现有的财力、物力、政策，把工作做深入、做扎实、做细致，把方便让给群众，麻烦留给自己，办出让群众满意的事情。要从看得见摸得着的事情做起，切实解决好收入、就业、教育、住房、医疗、社保等群众最关心的现实问题，解决好就业难、看病难、上学难、住房难等问题，解决好征地拆迁、医疗纠纷、涉法涉诉、环境保护等群众反映强烈的突出问题，扎扎实实为群众办实事、办好事，让人民群众的收入更多一些，生活更好一些，满意度更高一些，以此来赢得群众的信任和理解。

为群众办事，要解决“最后一公里”的问题。“最后一公里”，原意指完成长途跋涉的最后一段里程，被引申为完成一件事情的时候最后的而且是关键性的步骤。联系服务群众“最后一公里”问题，就是政策始终“走在路上”，服务始终“停在嘴上”，实惠没有真正“落在身上”，造成“神经末梢堵塞”的问题。解决联系服务群众“最后一公里”问题，还需要广大的基层党员干部来破解。

“神经末梢”通了，联系服务群众才能“零距离”。乡村干部和群众打交道最多，是联系服务群众“最后一公里”的神经末梢。随着经济社会的发展，村社区办公条件明显改善，但有的地方却不同程度地沾染了“机关病”。比如，有的村社区的便民服务中心，半人高的柜台将办事群众和工作人员隔开，干群“近在咫尺、心隔天涯”。还有少数村社区办公室越来越大，设施越来越豪华，办事效率却越来越低，“等客上门”现象严重。有的基层干部，身在基层却脱离群众，上班到岗“点卯”，有事无事都待在办公室坐足钟点，“社区干部不开会、村干部不下队、乡干部回家睡”。

打通“最后一公里”既要“路通”，更要“心通”。只有“路通”，身下基层，“最后一公里”才能打通；只有“心通”，心系基层，联系服务群众才能“零距离”。

如何抓好解决“群众最后一公里”问题？这就要求干部必须要到群众中听意见，真心听，听真言，了解群众所想所期所盼，俯听群众所恨所怨所言。如果一个干部连百姓的诉求都不知道，那么他一定不会是一个合格的干部。

最后一公里，表面看是距离，实是一种隔阂，是对群众缺乏感情。要畅通“最后一公里”，首先思想认识要疏通，要时刻想到路的那头群众在期盼。心通了，才能补足精神之钙，主动深入到问题和矛盾最多的地方去，到农民群众家里去，多走“土路”，多说“土话”，掌握原汁原味的情况，切实把准群众思想的“脉”，找准让群众闹心的“难”，开好推动发展的“方”。党员干部应定期到农村、进社区收集民意“接地气”，认真查摆问题“知实情”，为群众排忧解难“改作风”。

党员干部应积极争做问题“终点站”，不做矛盾“中转站”。对于群众反映的问题，能当场解决的当场解决，不能当场解决的记录在案，列出计划逐步解决。让群众话有地方说、事有地方办、困难有人帮、问题有人管，切实打通联系服务群众的“最后一公里”。

第四章

修养良好的品德

道德是党性的基础、力量的源泉，是纯洁的保证、抗腐的良方。修炼良好的品德，就要明大德、守公德、严私德，传承党的优良作风，弘扬中华传统美德，践行社会主义核心价值观，坚守共产党人的精神高地；就要“常修为政之德，常思贪欲之害，常怀律己之心”，坚持慎独、慎微，坚守良好的作风和健康的生活情趣，把个人兴趣、爱好、欲望等一言一行都严格纳入时代的道德范畴之中，始终追求高尚情操，保持健康文明的生活方式，不断提高自己的精神境界，始终充满人格的正能量。

一、做官先做人，从政先修德

为政以德，譬如北辰，居其所而众星拱之。——孔子

国无德不兴，人无德不立。习近平同志高度重视干部队伍道德建设，他指出：面对纷繁复杂的社会现实，党员干部特别是领导干部务必把加强道德修养作为十分重要的人生必修课。党员干部要想成就事业，既要立大志，更要怀大德。

古人云，“为官之道，德在其首”、“德厚则威高，德不厚则威不高。”党员干部要成就事业、树好形象、享有威望，就必须具备基本的“官德”。

何谓“官德”，就是从政为官者应有的职业道德、思想品格和精神风范，亦可说是一种与权力相连的固有的职业道德。衡量一个为官者的优劣、好坏，思想道德水准的高低是一条重要的标志。

为官须讲官德、修政德，是我们古老炎黄文化的优良传统。中国历代思想家既重视以德修身，也重视从政以德。历史上一些思想家、政治家和一些有远见卓识的古代官员认为：“为政以德则治，不以德则乱”、“君子所贵在德”、“治国之道当任德也”、“以德服人者，中心悦而诚服也”、“德不称位，能不称官，赏不当功，罚不当罪，不祥莫大焉”。宋代哲学家陆九渊说：“卿大夫有德，能保其家；诸侯有德，能保其国。”相反，“诸侯不仁，不保社稷；卿大夫不仁，不保宗庙”。所以，官吏道德的好坏，也是国家兴乱的关键因素。《尚

书·说命中》说："惟治乱，在庶官。"即国家的治乱在于各级官员是否有德。正因为如此，自武则天组织人编写《臣轨》、重视各级官吏道德以来，官箴书的内容由规谏君主逐渐转为主要对各级官吏的告诫，上至宰辅三公，下至州县幕僚，告诫他们如何正己、修身、爱民、待人、清廉、勤政、秉公、尽职，等等。他们认为，只要"正百官"，加强自身道德修养，"以为民先"，就能行德治，施教化，美风俗。

这种德治的思想，一直影响到中国近代的一些杰出人物。中国近代伟大的革命先行者孙中山先生就曾多次说过："有了很好的道德国家才能长治久安。"在新的历史时期，我党的几代领导人更是要求各级领导干部要做有道德的模范。早在建国初期，毛泽东就曾郑重地指出，治国就是治吏，礼义廉耻，国之四维，四维不张，国将不国。江泽民曾指出，领导干部必须讲学习、讲政治、讲正气，还必须讲修养、讲道德、讲廉耻。胡锦涛曾提出"八荣八耻"，要求领导干部树立正确的荣辱观，树立"八种良好风气"，增强忧患意识、公仆意识、节约意识三种意识，切实提高道德修养。

应该肯定，我国干部的官德，从整体上、从主流方面看，是积极向上、健康良好的。但也要看到，我国的干部队伍中，的确还有一些官德不好的干部，也存在着一些严重影响干部形象的问题。有的作风涣散飘浮，脱离群众，不讲实话，不办实事；有的趋利媚俗，随波逐流，追求低级趣味；有的骄奢淫逸，贪图享受，拜金主义严重，追求个人享乐；有的不务正业，热衷于跑官要官、买官卖官；有的以权谋私，腐化堕落，包二奶、参与赌博，贪赃枉法。他们不讲官德，甚至丧失良心和人性，败坏了党和干部队伍的形象，在人民群众中造成恶劣的影响。

为官必须要重修德？因为德不仅是“立身”之本，而且是“立国”之基。

官德关系着党和国家的兴衰存亡。党员干部的官德好坏绝不是“细节问题”，而是关系着党的整体形象，关系着党的凝聚力、战斗力、创造力，关系着党和国家的兴衰存亡。道德败坏的人如果拥有了权力，对党、对国家、对社会、对人民就会造成重大损害。可以说官德建设关系到良好社会风气的形成，关系民族之生存、国家之昌运。能不能掌好权、用好权，官员的道德操守、道德觉悟起着非常重要的作用。

官德影响民德。古人说：“官德决定民德，官风决定民风”，“未有身正而影曲，上治而下乱者”。“官德隆，民德昌，国家兴；官德毁，民德降，国家衰”是历史发展的客观规律。如果官员能够坚守职业道德，做到公道正派、光明磊落，廉洁奉公、勤俭节约，独善其身、团结协作，那么，社会正气就会上升，人之善性就会成为普照的光。如果官员失去官德，在职不敬业，以权谋私，贪图享乐，生活糜烂，那么，必然会失去群众的尊重，被百姓唾弃，也必然会诱发社会的道德滑坡、风气的败坏，正所谓“上行下效”、“上梁不正下梁歪”。

官德如何将直接决定着领导干部行为的性质、方向和结果。原因有三：一是道德与事业密切相关，德高才能事兴。领导的工作总是与党的事业紧密联系在一起的，要想为官一任，事业有成，高尚的道德素质是基础，是动力。崇高的道德理想信念给人以鼓舞，纯洁的道德情操给人以理智，正确的道德规范给人以准绳。领导干部具有高尚的道德素质，干事业就会忠心耿耿，做工作就会尽职尽责。如果素质低下，必然在其位而不谋其政，整天浑浑噩噩过日子，甚至玩忽职守、损公肥私，拿事业当儿戏。古语曰：“小人治国，灾害并至。”在我国历史上，无德而亡国、缺德而事败的事例是很多的。所以说，领导干部要做到事业有成，切不可忽视道德对事业的支持作用。

二是权力需要道德来规范，德高才能正确用权。领导者高尚的道德素质对权力的运用起着规范和矫正作用。领导干部脑子里有了良好道德，手中的权力才会用到正处，用得公道正派；相反，领导干部缺乏规范道德，就难以过好权力关，甚至弄权营私、以权谋私。

三是德高才能望重。“居高声自远，非是借秋风。”那些品德高尚的人，即使没有权位，由于人格高尚，也能够产生深远的影响。党员干部如果把自己的权力影响力和道德人格的影响力很好地结合起来，就能真正得到群众的拥护和爱戴。党员干部只有具备了高尚的道德，才能放下架子，去掉“官气”，联系群众，作风民主，平等待人，公正处事，真正成为群众一员。这样的干部群众才信得过，才有威信、有威望。

好人不一定是好官，但好官一定得是好人。做官一阵子，做人一辈子。为官当有品。好官如焦裕禄、孔繁森、杨善洲等，在他们身上所表现出的纯洁的党性、高尚的官德，无不是他们善良、诚实、正直、美好人品的延续和升华。事实的确如此，走正道才能行远路，有了好的人品，做人才有底气、做事才能硬气、做官才有正气。

《易经》有言：“君子终日乾乾，夕惕若厉，无咎。”品德高尚的人不仅要自强不息、奋发有为，还要每时每刻心存警惕，就像随时有危险发生一样，才能免灾去祸、化险为夷。如此，不仅使人一生平安，还可使人品达到一个很高的境界。

党员干部严以修身，首先要“崇德”，崇尚有德之人及有德之行，以有德为荣，以失德为耻。要大力弘扬中华民族的优良传统和共产党人的优秀品德，并使之成为全社会共同的价值理念和行为规范。

其次是“修德”。修德不仅是种理念，更是一种实践。因此，党员干部应当遵循习近平同志提出的要求，就是要见贤思齐，见不贤而内省，自觉改造主观世界，不断加强党性修养，坚定理想信念，提升道德情操，自觉远离低级趣味，自觉抵制歪风邪气，始终保持共产党人的浩然正气、蓬勃朝气和昂扬锐气，成为严以修身、崇德向善的模范。

再次是“守德”。懂得修身的意义和道德的价值固然重要，而更重要的是始终注重修身，一生坚守美德。官德不是与生俱来，也不是亘古长存，贵在常修。常修，就是把修德当作一辈子的事，不懈追求，永不自满，经常打扫思想上的灰尘，勇于纠正实践中的错误，认真接受来自群众的批评和监督，努力成为一个高尚的人，一个纯粹的人，一个有道德的人，一个脱离了低级趣味的人，一个有益于人民的人。

二、巧诈不如拙诚，老实人不吃大亏

诚实比一切智谋更好，而且它是智谋的基本条件。

——康德

什么是“老实人”？“老实”的本义即诚实、规矩、不惹事，也就是敦厚诚实。这是做人的美德之一，也是做人的基础，这个基础不扎实，其他的一切都是空中楼阁，随时会坍塌。作为一名党员干部，做人还是老实一些好，否则可能会弄巧成拙，甚至不会有好结果。

靠精明奸诈不会成大器，靠精明奸诈得到的辉煌是暂时的，绝对不会长久，也永远得不到心神的宁静，当自己认为很精明时，实际上已经很愚蠢，因为比自己更精明更奸诈的人多的是，尤其当自己沾沾自喜于自己的那点小聪明小伎俩时，实际上自己已经堵死了自己本应有的未来的美好之路，前往天国的路也因为自己的不老实而关闭了。所以，诚实是做人的上策，虽然老实人偶尔会吃亏，但从整个人一生的角度讲，老实人最终占便宜。

讲究谋略是国人传统文化的一个基因。治国谋略如《贞观政要》，打仗谋略如《孙子兵法》，处世谋略如《增广贤文》、《菜根谭》。善用谋略，以柔克刚、以智取胜、以巧见长，足以成就一番事业；不善谋略，凡事以拙力抗衡，不仅会弄巧成拙，还会贻笑大方。然而，谋略固然精妙，但什么该谋、什么不该谋，什么时候该谋、什么时候该实，是谋出一官半职还是谋成千秋事业，谋略不同，影响大不相同。而“谋”与“诈”往往就在一线之间，很多时候用谋不当，巧谋便会成为巧诈，结果也会适得其反。

《韩非子》里记载了这样两个小故事：魏国将领乐羊攻打中山国，中山国君把其子煮成肉羹送给他。乐羊端起肉羹一饮而尽，而后攻占中山国。魏文侯虽然奖赏了乐羊的战功，却也怀疑起他的品行来。鲁国国君孟孙打猎时活捉了一只小鹿，命秦西巴带回。秦西巴心有不忍，把小鹿放生，孟孙得知后一怒之下将秦西巴赶走。一年后，孟孙却又把秦西巴请回来当太子的老师，原因在于他对鹿都有怜悯之心，对太子必定会诚心以对。乐羊因为使诈得功，但终被魏王怀疑；秦西巴因为宽仁获罪，却得到更多的信任。所以韩非子评价说：“巧诈不如拙诚”。

坚持“拙诚”而获得成功不是一日之功，习惯于“巧诈”攫取眼前利益更非一日之寒。善于“诈术”的人，即便一时可以欺骗隐瞒别人，但久而久之，再高明的骗术也会露出马脚。拙诚虽不如巧诈那样灵活应变，短时间里可能会吃亏，却可以凭借愚直拙笨建立信任，积攒人品，涵养操守，立稳事业根基。清代中兴重臣曾国藩以“钝拙”自居，以去伪崇拙修身，用“拙诚”破“机巧”，这使他养成了拙诚浑含的品行，也练就了深谙世事却又不为世俗所扰的超然本领。“心诚则志专而气足，千磨百折而不改其常度，终有顺理成章之一日”。可以说，“拙诚”不仅是修身之要、相处之道，更是立业之本、成事之基。

对于党员干部而言，切不可弃拙诚而谋巧诈。比如，民主生活会上，有的领导干部不是诚恳以对、深入检讨，反把民主生活会当作“展现智谋”的疆场，迷信“干得好不如演得好”，花大把时间揣摩“剧情”、设计“桥段”、拿捏“台词”。其实这样的作秀，明眼人谁不清楚？工作中，也有一些干部以谋“巧”为荣，不热衷于脚踏实地干出成绩，却倾心于以表面文章营造歌舞升平的气象。如此这般投机取巧、偷奸耍滑，实质也是自欺欺人，为群众所不齿。

宋代苏洵曾言：“为一身谋则愚，而为天下谋则智”。为天下谋，实际上就是一种舍己为公的拙诚精神。以拙诚立身，以笃行谋事，方能干出一番实绩，亦无愧于内心。

做老实人，要诚实守拙，表里如一，切不可做虚伪善变“两面人”、“多面人”。

清代小说《镜花缘》讲述了一个“两面国”的故事。那里的人长着两张截然不同的脸：一张是慈眉善目的笑脸，另一张则是凶狠阴险的恶脸。一个长安人在这里待久了，也变成了“两面人”。荒诞不经的故事，针砭的是当时官场的丑态与积弊。我们党和军队决不允许有

“两面人”。

做老实人不做“两面人”，既是党员干部应有的道德品质，也是党员干部必备的政治品格。但是，在党员干部中仍有“两面人”。有的台上一套、台下一套，当面一套、背后一套，说一套、做一套。有的要求别人做到的自己不做，要求别人遵守的自己带头违反。有的对上对下不一致，搞上有政策、下有对策，欺上瞒下。有的见风使舵、巧言令色，见人说人话、见鬼说鬼话，把庸俗的市侩作风带到党内，还自以为得计。

王安石在《知人》中说：“贪人廉，淫人洁，佞人直。”越是贪婪的人越伪装清廉，越是荒淫的人越伪装纯洁，越是奸诈的人越伪装正直。“两面人”现象，说到底是一种政治投机主义。大奸似忠，大伪似真。徐才厚就是典型的“两面人”。他善于表演，擅长伪装，用假面具掩盖自己极其肮脏的灵魂和丑恶的行为，演出了一幕幕丑剧。“两面人”因迷惑性、欺骗性特别强，所以危害性、危险性特别大。待到东窗事发，他们往往已成为大奸巨贪，让人大吃一惊、难以置信。

邓小平曾反复强调：“做老实人，说老实话，办老实事，这是一个共产党员的起码标准。”党章明确规定，“反对阳奉阴违的两面派行为和一切阴谋诡计”。党员干部只有襟怀坦荡、光明磊落，才能心里无私无愧、手中有公有廉；只有言行一致、表里如一，才能赢得群众信赖、树立党员威信。

荀子把“口言善，身行恶”的“两面人”称为“国妖”，把“口能言之，身能行之”的人称为“国宝”，认为治国者要“敬其宝”、“除其妖”。党员干部特别是领导干部肩负着带领群众发展各项事业，理应坦坦荡荡、表里如一，当“国宝”不当“国妖”，做老实人不做“两面人”，自觉加强党性修养和道德修养，为全面从严治党注入强大正能量。

坚持做老实人、说老实话、办老实事，是党的好传统；坚持实事求是，是共产党人的优良作风，是共产党人党性的一个重要表现。实事求是，是党的思想路线的本质特征，是党的生命线和活力所在。实事求是是一种科学精神、一种政治品格、一种优良作风。坚持实事求是，要求每一个党员干部都要做老实人、说老实话、办老实事。杨善洲说过：“无论是做事还是做人，总得有个标准，有个原则。要老老实实做人，踏踏实实做事。”党员干部只有思想实、干事实、为人实，才能得到群众的真心拥护。

人生有涯、官位有止、事业无尽。无论形势如何变化，世事如何变迁，当老实人、说老实话、办老实事，应该永远成为党员干部做人、说话、办事的标准。

作为党员干部，要有立党为公的觉悟、情操和为真理而献身的精神，不兴伪事，不务虚名。认认真真按规律办事，不做不切实际的事情，不做形式主义的事情，不做违背原则的事情，自觉地同弄虚作假、违背客观规律的行为做斗争。做老实人，就要知德守正、坚持原则，不做八面玲珑的老好人；就要加强从政道德修养，分清是非荣辱界线，敢负责、有担当、讲操守，不做老好人、不怕得罪人。在班子建设上，要用好民主集中制、批评和自我批评、党内生活、党性原则基础上的团结等法宝，有问题就摆到桌面上，敢于亮出心灵深处的东西，绝不搞无原则的一团和气。

做老实人，就要言行一致、表里如一、诚实守信；就要光明磊落，心怀坦荡，不蝇营狗苟，不拨弄是非，不挑拨离间，不拉帮结派，作风正派；就要为人正直，公道正派，敢于坚持原则，敢于扶正祛邪，不耍小聪明，不使小心眼，不搞小动作；就是不妄自尊大，不妄自菲薄，不趋炎附势，不欺上瞒下，不仗势压人；就要胸怀坦荡，不徇私情，淡泊名利，对上不争名，对同级不争权，对下不争利；就要严格要求和解剖自己，具有自知之明，敢于开展批评与自我批评，人前人后一个样。

一个人在一时、一件事上做到实事求是并不难，难的是始终在所有事情上实事求是。做人要实，就要真正把老实做人、做老实人当作人生信条，贯穿和体现到工作、学习、生活的各个方面，甘做思想务实、生活朴实、作风扎实的老实人；甘做尊重科学、尊重实践、尊重规律的老实人；甘做诚实守信、言行一致、表里如一的老实人；甘做勤勤恳恳、任劳任怨、甘于奉献的老实人。

三、行为端方为正，处世坦诚为直

汝若全德，必忠必直；汝若全行，必方必正。终身如此，可谓君子。

——元结

正直，公正坦率之意。行为端方为正，处事坦诚为直。清人管绿荫说："正直为吾人最良之品性，且为处世之最良法。"正直，是中华民族的传统美德，是做人与处世最珍贵最基本的品格。

一个人有了正直的品德，对自己要求严格，不谋私，不贪利，不文过饰非，不隐瞒自己的观点，不偷奸耍滑；对他人不阿谀奉承，不溜须拍马，不阳奉阴违，不包庇坏人坏事；处理事情，敢于主持公道，伸张正义，抨击邪恶，不怕打击报复……这样才能光明磊落地做人、堂堂正正地做官。

正直是立身处世的根基。正直是人生之宝，是一种高贵的人格。正直的人，心胸始终是坦荡的，正所谓“身正不怕影斜”。正直的人行事端正、光明磊落，在关键时刻更是义形于色、见义勇为。正直的人腰板硬朗、脊梁坚挺，有不易的原则、分明的是非，敢于直面人生，敢干正视现实。正直在，公道就在；正直在，正义就在。正直使人具有冒险的勇气和力量；正直的人喜欢向生活挑战，绝不苟且偷生、畏缩不前。

正直是维护公正的保障。良好的社会环境，不仅要靠政策制度来保障，也要靠良好的社会风尚和个人道德来维持。一个单位，正直的人多了，必然正气上升，邪气下降；如果正直的人少了，大家自私自利，不主持正义，那么必然是非混淆，黑白颠倒，坏人得志，好人受气。如果正直的人都行动起来，那么邪恶势力、丑恶现象就没有活动的市场，也就根本站不住脚。

正直的人更容易取得成功。坚持“做正直的人、做正确的事”，并持之以恒去努力，是人生的成功之道。鲁迅有句话讲得很深刻，他指出：“捣鬼有术，也有效，然而有限。”那些专搞邪门歪道的人，最终是不会得志的。一个奸诈的人，不老实的人，一时也会占得上风，占得便宜，春风得意，一开始还会认为有本事、有出息、能干。但慢慢了解后，谁又敢去接近呢，谁不怕受暗算？这种人不会有推心置腹的朋友，只有利益相投、互相利用的狐朋狗友，可以得一时之风，但最终要被唾弃。

唯正直，人可立诚，党可立信，国可立威。正直如同高山，笑傲风云，是人类的脊梁，也应成为党员干部做人、做官、做事的根本。在这人际关系越来越复杂的时代里，正直是易于逝去的东西。但是，正直是党员干部应该具备的宝贵品质。

正直是一种原则、一种标准，或者称作标杆、标尺，以这个标杆衡量人的行为，品格的高下、为人的优劣顿时显现。要成为一个大写的人、一个称职的好干部，就应该以正直为人生的坐标，使它成为自己立身处世的一种内在信念和毕生追求。倘若能修炼到“表里俱澄澈，肝胆皆冰雪”，一身正气，刚正不阿，那么，我们每个人就会活出人的尊严来；在权势面前的奴颜婢膝、在腐败面前的不敢抗争、在不正之风面前的畏缩退避等“软骨病”都将一扫而空，党的风气更加清明干净，社会的大环境也将变得更洁净、更纯正。

要成为正直的人，就必须坚定信念。正直的人在生活中有自己较为远大的理想和坚定的信念,他有能力去坚持自己认为是正确的东西，在需要的时候义无反顾，并能公开反对确认是错误的东西。他不会随波逐流、人云亦云，也不会为了眼前的利益抛弃自己的理想、信念和为人的基本原则。“我们决不屈从。无论事物的大小巨细，永远不要屈从，唯有屈从于对荣誉和良知的信念。”丘吉尔是这样说的，也是这样做的。正直的人都是抗震的，他们似乎有一种内在的平静，使他们能够经受住挫折甚至是不公平的待遇。林肯在 1858 年参加参议院竞选活动时，他的朋友警告他不要发表某一次演讲。但是林肯答道：“如果命里注定我会因为这次讲话而落选的话，那么就让我伴着真理落选吧！”他是坦然的。他确实落选了，但是两年之后，他就任了美国总统。

要成为正直的人，就必须保持良知。正直的人大多是有良知的人。一个人只有具备了良知，才有可能列入正直的行列。良知是正直者的心灵源泉。所以，要成为正直的人，就必须做一个有良知的人。正直者义无反顾，追求真理，胸有胆魄，对的敢坚持，错的敢反对，不唯书，不唯上；求真务实，不辞辛苦，不怕困难；善于倾听，善于协调，善于学习，始终有坚持真理的风骨和勇气。

要成为正直的人，就必须有社会责任感。党员干部应当树立正确的人生观和世界观，明确自己为什么活着，应该为社会做出怎样的贡献。只有把自己的命运与集体、国家、社会的命运紧密结合起来，才有正直品德的思想基础。一个人只关心私利，不关心他人和社会，是不会有正直可言的；一个人浑浑噩噩，糊里糊涂，也是不会有正直可言的。正直，反映着强烈的社会责任感。正直也代表一种敢于负责任的精神。工作中有了错误决不推诿，敢于正视和承担责任。

要成为正直的人，就必须有公心。古语有云："心如规矩，志如尺衡，平静如水，正直如绳。"正直是人品的高境界，应当成为领导干部的不懈追求。党员干部不论说话做事，心怀道义，牢记责任，有明确的是非观、价值观。于己不谋私、不贪利、不饰非，于人不阳奉阴违；于事主持公道，维护正义。倘若心存私欲，何谈正直？因此，一事当前，都认真想一想是否符合国家的利益、集体的利益、他人的利益，符合就做，不符合就不做。这应是党员干部为人处世的原则和前提。如果一事当前先替自己打算，斤斤计较个人的得失，那么就不会有任何正直的行为，也容易滑向偏私和邪恶的深渊。这就是说，要是非要明，心术要正，不做缺德的事，更不做伤天害理的事。

自身正，是靠平时一点一滴培养起来的。做正直的人，首先要学会诚实，要学会诚实地对待生活中的每一件小事。这些小事看起来微不足道，但经久积聚，它会使我们身上闪现出浩然的正气。做正直的人，还要学会善良。善良乃人性中最光辉的一面，一个人缺乏起码的同情心，就必然会缺乏判断事物美丑的标准，这样的人就不可能有什么正直可言。

当然，正直不是信口开河，而是看透后的真言诤语；正直，不是闷头莽干，而是看准后的笃行；正直也不是认死理，而是理智的坚韧和执着。正直体现着清醒、智慧和境界，是动机和效果的统一，是与讲策略、方法和艺术一致的。千万不能把“炮筒子脾气”当成正直的代名词。讲究策略，无损于正直的品格。

四、诚信是道德之基，以诚待人讲信用

惟诚可以破天下之伪，惟实可以破天下之虚。 ——薛瑄

什么是诚信？诚，即真诚、诚实；信，即守承诺、讲信用。诚信的基本含义是守诺、践约、无欺。通俗地表述，就是说老实话、办老实事、做老实人。一个诚实的人必然会讲信用，一个讲信用的人一定是诚实的人。两者相辅相成、互为一体。诚实与信用，都是做人之本、成事之基。

人生活在社会中，总要与他人和社会发生关系。处理这种关系必须遵守一定的规则，有章可循，有诺必践；否则，个人就失去立身之本，社会就失去运行之规。

诚实是自古为人所崇尚的美德。古人说过，“君子养心莫于诚”、“巧伪不如拙诚”、“以诚感人者，人亦以诚而应”、“诚实贵于珠宝，守信乃人民之珍”。诚实的核心是真，其反面是欺骗，是虚伪。诚实是一种非凡的自信，是力量的象征，是把握了正义和真理的一种大度和坦诚。

诚实既是道德和人格的起码标准，又是最高境界。诚实是做人的起点，也是做人的归宿。孔子说过：“人而无信，不知其可也。”孟子说：“言而有信，人无信而不交。”墨子云：“言不信者，行不果。”所有这些无不强调了诚信是一种承诺，一种保证，一种真诚；讲诚信就是一诺千金。离开诚实二字，就没有资格奢谈什么情操、襟怀、气节、教养等为人的品格和修养，自然也不会是好朋友，更不会是好干部。

诚信是一种情感的表达。无论是夫妻、朋友还是同事抑或是陌生人，良好的沟通与交流讲求的都是真情流露，这是建立在真诚表达、无欲无求的基础之上的。

诚信是人一生中最重要的资本。一个人糟蹋自己的信用，无异于在拿自己的人格做买卖，卖得越多，留下的也就越少。我们只有事事以“信”为重，才会有“信”满天下的那一天，到时，我们的人脉也会遍布天下。

如果你能够凭着良好的诚信，让别人在心里承认你、信任你，那么你就有了交天下友的巨大资本。赢得高朋满座，首先要对别人讲诚信，只有如此才能获得人家对自己的信任，与之结为朋友。只要你学会了讲究诚信，其所带来的收益要比获得千万财富更足以自豪。

在现代社会，人格信誉是自身最宝贵的无形资产，是每个人的立身之本。李嘉诚总结自己的成功经验时说：“人的一生最重要的是守信，我现在就算有多十倍的资金，也不足以应付那么多的生意，而且很多是别人找我的，这些都是为人守信的结果。”一个诚信的人，他的一生将因此拥有更多人脉，更多成功的机会，从而受益无穷。

诚实守信的人，往往对国家、民族、工作和事业具有高度的责任感和献身精神；在工作、学习和生活中，说老实话，办老实事，做老实人，实事求是，讲究实效，勤奋上进，任劳任怨；在人际关系上，光明磊落，坦诚相见，言行一致，表里如一，知错必改。对诚实的人、讲信用的人委以重任，托付大事，一般来说都出不了大的偏差。齐景公敬重晏子的诚信，便委以重任。汉高祖信赖周勃的诚实，便托付大事。一斤重的诚信，胜过一吨重的精明。择友也罢，提干也罢，诚信太重要了，应是诸多条件中的首要条件。

“言必信，行必果”是古今做人的基本准则。诚信是铸就领导干部人格魅力的重要基石，也是领导干部在群众中树立威望的前提条件。在当今社会，人们对领导干部的诚实守信有着更广泛的要求，一个诚信的领导干部可以为本地区、本单位树立良好的形象，反之则会败坏一个地区、一个单位的形象。因此，领导干部没有理由轻视这一品德。

能否诚实做人、真实做人，能不能恪守信誉，这不仅是人的品质好坏的重要标志，也是能否建构和谐的社会人际关系不可或缺的重要内容。凡人都想能够为周围之人所信任；而信任，只能来自自己为人处世的真诚。古人总结得非常形象：“易涨易退山溪水，易反易覆小人心”。也就是说，生活中时常表现出反复无常之行为的人，都应该是人们在日常生活交往中必须小心接触，甚至避而远之的。道理很简单，一个习惯于出尔反尔、口是心非、言行不一、不讲诚信的人，是不配得到他人的信任和尊重的。因此，以诚待人处事，也是社会人自党建立心理防卫机制、努力实现社会人际的和谐的一个关键环节。

一个人诚实守信与否，涉及他是否有自尊自重的素质。西塞罗说："没有诚信，哪来尊严。"诚信的人必然能够得到他人诚信的回报。在与他人的交往中，我们先要以诚待人、相信他人，这应当是交友处世的第一原则。要知道："隐瞒真实，就是骗自己。"至于他人会对我们怎样，那是另外一回事。在实际的交往中，我们自然能够积累经验，用不着过于担心被蒙骗。

现在，社会越来越开放，人际交往越来越频繁，要获得别人的情感认同，不断取得信任，就应该"己所不欲，勿施于人"，"己欲立而立人"，从小事做起，友善待人。要知道，不管时代怎么变，诚信作为为人处世的基本准则不会变，也不能变。

但是，很少有人能够真正懂得诚信对于人们建筑人脉的重要意义。大多数的人都无意中在自己拓展人脉的路上设置了一些不必要的障碍。他们因不守诚信常常使一些有意和他深交的人感到失望。

各级党员干部是构建和谐社会的中坚力量，在诚实守信方面，应该率先垂范。党员领导干部带头讲诚信，必须自觉做到：

一是表里如一。取信于人的前提是心地坦诚。只有内诚于心，才能外信于人。因此，党员干部讲诚信，首先必须襟怀坦白、诚实正直，待人处事真心实意，表里如一。具体地讲：一要说话心口一致。不说颠倒黑白、混淆是非的假话，不说信口开河、无中生有的谎话，不说言不由衷、口是心非的违心话，不说虚情假意、不准备实行的空话。二要办事知行统一，尊重客观事实和客观规律，认真执行党的路线方针政策和各项法规制度，严格按原则和规矩办事。不弄虚作假，不明知故犯，不做表面文章，不搞形式主义花架子，不办知行相悖的违心事和违背事理的昧心事。三要言行堂堂正正、光明磊落。光明正大地说话办事，人前人后一个样，台上台下一个样，对人对己一个样。对上不阳奉阴违，对下不矫揉造作，处理公共事务不搞暗箱操作，不搞当面一套、背后一套的两面作风，不搞对人一套、对己一套的双重标准。

二是言行一致。群众看一个人是否诚实守信，总是要听其言、观其行的。讲诚信决非“说”诚信，而是必须落实和体现在实际行动中，切实做到言必信、行必果。凡属好说空话、不办实事的人，说得好、做得差的人，嘴乖巧而行诡诈的人，都必然会失信于人。因此，党员干部讲诚信，还必须坚持言行一致、说到做到，说话办事丁是丁、卯是卯，重实际、求实效。特别是要做到不说空话，多办实事，慎重承诺和严肃地履行承诺，一诺千金。决不能搞那些不负责任、口惠而实不至的空洞许诺。古人早就有言在先：“轻诺必寡信”。因为许空愿不仅会误人之事，也往往会因激起人家的欲望而又不能给予满足，导致人家更大的失望，使人形成被欺骗愚弄之感。

三是恪守诺言。丰富我们的人脉关系，取信于人是必不可少的。做一个守信的人，我们要恪守诺言，又不能够轻易许诺，许下一些无法兑现的诺言。华盛顿感言：“自己不能胜任的事情，切莫轻易答应别人；一旦答应别人，就必须实践自己的诺言。”在作承诺时，首先要考虑自己实现诺言的实力，承诺不应超过自己的能力范围。任何时候，我们都不能光凭良好愿望甚至主观想象去许诺。离开客观实际和条件许可，随意向别人许诺，虽然一时可以用你的诺言满足对方，但是，这“慷慨”带来的苦果却要由你一人来吞食。朱熹早就明确地告诉我们：“欺人亦是自欺，此又是自欺之甚者。”因此，许诺一定要慎重，解决不了的问题，要做好解释工作。承诺时，不要信誓旦旦，要为自己留有余地。即使许诺，也不要把话说绝，这样，你也就获得了一定的回旋空间，靠着这个空间，你就不会失信于人了。

四是养成习惯。常言说："习惯成自然"。养成了诚实守信良好习惯的人，能使讲诚信成为自己的内在需要，遇事就可以比较顺利地做到诚实守信，说老实话、办老实事。而那些养成了弄虚作假不良习惯的人，说假话、搞假动作和造假骗人往往脸不变色心不跳。有时即使提高了思想认识，在主观上也想讲诚信，因不良习惯作怪也可能不由自主地说出假话来。所以，党员干部要始终如一地做到诚实守信，必须从当前做起，从具体的事情做起，时时处处严格要求自己，说话办事坚持态度真诚、实事求是、心口如一、言行一致，逐步养成诚实守信的良好习惯。

五、当干部要勇敢，有胆有识方有为

你若失去了勇气，你就把一切都失掉了。　——[德]歌德

勇气，是人勇敢的气质，是人格的一种力量，是一种无所畏惧的气概。

勇敢，是指为了正义事业而不惧强暴、不畏权势、不怕艰险、不顾利害、不计生死而一往无前的道德品质。

勇气，是领导干部在追求正义、追求真理、开创事业的征途中所不可缺少的精神力量。

勇气，是自然的本能。每个人都有一种潜在的英雄本色。当你备

受凌辱时，也会想到反抗；哪里有压迫，哪里就有反抗，这正意味着勇气是人类的本能。只不过，很多人都带着怀疑态度度过一生。实际上只要勇敢地去做、去拼，你的勇气将会激发巨大的潜能，它是能够创造奇迹的。勇气，使人立于不败之地！

成功乃勇气之子，勇气是人类最重要的一种特质，倘若有了勇气，人类其他的特质自然也就具备了。

失去了勇气，个人就难以进步，事业就难以发展，传统美德如疾恶如仇、刚正不阿、见义勇为、勇往直前都难以实现。丧失财富的人损失很大；可是丧失勇气的人，便什么都完了。正如歌德留下的名言：

你若失去了财产，你只失去了一点；

你若失去荣誉，你就失去了很多；

你若失去了勇气，你就把一切都失掉了。

歌德的诗句，指出了勇气对我们的人生的重大意义。勇气在人的生活和工作中占有这么重要的位置，那么，人人都应注意在实践中培养自己的勇气，培养道德之勇。

培养自己的道德之勇，首先要培养自己的道德正义感。在传统的道德伦理文化中，经常把“勇”和“义”连在一起。

在这方面，古代先哲们有许多精辟论述。在《论语·阳货》篇中，子路问孔子：“君子尚勇乎？”子曰：“君子以义为上，君子有勇而无义为乱，小人有勇而无义为盗。”《论语·为政》篇云：“见义不为，无勇也。”《左传》云：“率义之谓勇。”《吕氏春秋》云：“所贵勇者，为其行义也。”西汉哲学家、文学家扬雄说：“勇于义而果于德。”

这些论述告诉我们：只有从正义生发出来的勇气才是真正的勇

敢，才是道德之勇。否则就会像孔子所说的那样：假若君子只有勇而没有义，那就会捣乱造反；假若小人只有勇而没有义，那就会去做土匪强盗。由此可见，道德正义感对勇的表现起着重要作用。

作为领导干部，应该努力培养自己的道德正义感，在其指引下充分发扬勇敢精神，使它成为一种伟大人格的力量。

领导干部的勇，应当是道德之勇、义理之勇、正义之勇。勇，分为大勇和小勇。孟子的舍生取义便可以称之为大勇，秦舞阳的年少杀人却只是小勇。勇，又可分为真勇和假勇。韩信的忍受胯下之辱是真勇，项羽的受围乌江自刎是假勇。只有大勇和真勇，才能算是勇敢。

培养自己的道德之勇，就要培养和发扬大无畏的精神。一个人只有心地光明，才能驱除心灵中黑暗角落里的胆怯。一个人只有心底无私，才能具有大无畏的精神，才能在邪恶势力面前毫不畏惧，英勇斗争；在艰险面前，披荆斩棘，勇往直前；在陈腐势力面前，不信邪恶，仗义执言，敢于宣战，勇于革新。南北朝的范缜，北宋的王安石、包拯，明代的海瑞之所以留名青史、千古流芳，就是因为他们具备了这种高风亮节和勇敢精神。

心理学家阿特金森认为，人在其动机体系中存在着两种不同的倾向：一种是追求成功的需要，它驱使人们追求成就；另一种是避免失败的需要，即对失败的恐惧又迫使人们去躲避那些与成败有关的情境和任务。当一个人的前一种动机大于后一种动机时，他会有很强的好胜心和表现力，着力追求成功并为自己不断制造机会；而当一个人避免失败的动机大于他求胜的动机时，他则要回避一切有竞争输赢的情境，总处于一种对失败的忧虑之中，不敢充分地表现自我。

大事业不是在恐惧的心情下得以完成的。一旦怀有恐惧心理，做什么事情都不会有效果。恐惧心理对人的影响极大，因此许多人往往甚至都不敢去想，更不要说采取行动了。由于过度恐惧失败，挫折、非议已成了大多数人的人生态度和性格因素。任何一件事情来临之际，总爱首先想到“千万别失败”、“它会有什么麻烦吗？”，而不是把它看成是一种机会，把注意力集中到怎样去成功上。这必然铸就了怕冒风险、不敢表现、不善表现、畏惧退缩、缺乏责任感等诸多不良个性和心理品质。

害怕失败的态度比失败本身更可怕。人们必须养成敢于胜利、不怕失败的无畏精神。勇气的提高和训练就是工作行动。卡耐基曾说：“当你害怕做某事时，只要你去做，你就会发现，情况并不是你害怕的那么糟糕。”行动的唯一目的就是提高自己的勇气，这种行动的本身是勇气的开始。越是害怕的事情，越要接触，这样才能逐渐变得不怕。人们害怕的事物，当他真正去做了之后，才发现它往往并不可怕。原来的可怕都是自己想象的结果。

勇气，就是绝不向恐惧屈服。号称“血胆将军”的巴顿，有人问他在开战之前是否曾感到恐惧时，他说：“有，我常在重要会战前，甚至在交战中发生恐惧。”但是，他又说：“我绝不会向恐惧屈服。”真正的勇气，不是没有恐惧，而在于绝不被恐惧压倒。

有些事情一些人之所以不去做，只是因为他们认为不可能。其实，有许多不可能，只存在于人的想象之中。林肯签署《解放奴隶宣言》后，有记者问：“总统先生，是不是前辈们特意把这一光荣的使命交给你，让你成就美名呢？”林肯笑了笑说：“签署这个宣言，仅需拿起这支笔的勇气。”林肯拿起了笔，所以成就了美名，为什么其他的人连拿起笔的勇气都没有呢？因为他们恐惧。到底有什么值得他们这样恐惧呢？罗斯福给了很好的答案：“我们唯一值得恐惧的就是恐惧本身。”我们怎样才能克服恐惧，获得勇气呢？歌德教导我们：“只管去做，因为做里包含着勇气、智慧和奇迹。”一个人如果拥有了勇气、智慧和奇迹，还有什么值得恐惧的呢？既然无所畏惧，又有什么事情做不成呢？

要获得勇气，唯一的方法就是多多运用勇气。成功学的精髓就是两个字“行动”。不断地挑战自己，勇敢地去行动，这就是成功之道。只要勇敢地去做、去拼，你的勇气将会激发巨大的潜能，才能创造事业的成功。

勇气其实是一种胆识。胆与识是密不可分的，有胆才有识，无识有胆那是莽汉，而无胆有识只能成为书生，缺少哪一方面，都不能成为成功的领导干部。光有胆量的人容易像傻子一样，鲁莽行事，无谓牺牲；光有见识的人容易像聪明人一样，过于谨慎，痛失良机。只有胆识才知道自己离不开冒险——但冒险是这样的一种东西，你经过努力，有可能得到，而且这东西值得你得到，值得你为它去承担风险。

有胆有识才有为。想问题、办事情、做决策时，举轻若重，准备得充分，思考得周全，抓住要害，分清主次；应对突发事件，破解工作难题，举重若轻，从容镇定，有章有法，张弛有度，有大将之风，有沉着稳定之静气。这样的干部多能举大策，干成事，有作为。

有胆有识，才能承担风险。创新思维与风险相伴，不担风险的思维，就不是创新思维。作为一名领导干部，敢于创新思维，就是敢于承担风险，决不做四平八稳的“太平官”。如果一心只想当太平官，把开拓、进取视为危险，从而瞻前顾后，望而却步，不越雷池一步，遇事不敢做主，更不敢碰硬，对不良现象也不敢批评、不敢斗争，把精力放在迎合上级领导和讨好群众上，专门注意关系学，工作上却小心翼翼，亦步亦趋，生怕出差错。这样的“为官之道”，不仅自己得不到锻炼，更重要的是要贻误党和人民的事业。承担风险的勇气是对一名领导干部德识、胆略、才智的考验与检验。

六、谦虚使人进步，谦者受人喜欢

江海之所以为百谷王者，以其善下，故能为百谷王。

——老子

谦虚，指虚心、不自满，能接受别人的意见和批评。关于谦虚，自古以来有许多警句格言。《易经》中就有许多处讲到要戒“盈”、倡谦。例如：“人道恶盈而好谦”。它非常赞赏“谦谦君子，卑以自牧”，甚至认为“谦，德之柄也”，意思是说，谦虚才是道德的抓手。

谦虚是一种美德，它有巨大的感召力，能够吸引人，提升自己的品格。党员干部有了谦虚的心态，才能赢得他人的信任和支持，才能提升自己的亲和力；也只有具备了谦虚的心态，才能谨慎处理各种问题，才能避免因为疏忽大意而产生严格的后果。“满招损，谦受益”，每个人无论身居何位，取得了怎样的成绩，都应该保持一种谦虚的心态。鲁迅说，“不满足是向上的车轮”。斯宾塞说，“成功的第一个条件是真正的虚心”。

谦虚是进取和成功的必要前提。做人要谦虚，知之为知之，不知为不知。而不学无术、一知半解的人，却常常骄傲自大，自以为是，自作聪明，好为人师，喜欢夸夸其谈，这种人其实是一些眼高手低的人，是一些最无知的人。他们不知道，谦虚才能净化灵魂，谦虚才能赢得成功，甚至赢得生命。

北宋时期，欧阳修文甲天下，是举国公推的文坛领袖。而此时的苏东坡刚到中原，初出茅庐，还没有什么名气。这时欧阳修在一个偶然的场合读到了苏东坡的文章，他拍案叫绝，说“取读轼书，不觉汗颜，快哉快哉，老夫当避路，放他一头地也”。此后，他每有机会，必大力举荐，使苏东坡很快为天下所知。这种雅量，正是欧阳修之所以不是一个一般的文人，而是一代文学宗师的原因。

一个谦虚的人，一般是能够时刻自警自省的人，常常能够看到自己的长处，但不迷恋自己的长处，也能看到自己的短处。谦虚的人，容易与他人拉近距离，容易获得别人的认可。

谦虚的人，往往能力较强，却不自负；总能学习他人的长处，以人之长补己之短；倾听别人的意见，乐于接受别人的帮助，发现自己有过失立即改正，不主观武断，不自视清高，不固执己见。

毫无疑问，不谦虚，就会骄傲自满、止步不前；不谦虚，就会夸大成绩、自我膨胀；不谦虚，就会听不进不同意见，甚至搞“顺我者昌，逆我者亡”；不谦虚，就会爱听奉承话，甚至吹吹拍拍、拉帮结派；不谦虚，就会自恃功高，权欲膨胀，觉得组织亏待自己；不谦虚，就会不把他人放在眼里，自视特殊，任意妄为。别人也就不可能从内心佩服他，不可能从内心去接纳他。

保持谦虚谨慎，是人们为人处世、工作生活所必需的。因为，人们对于新事物总是有一个从无知到有知、由浅入深逐步认识的过程。人们对世界的认识和所要掌握的知识、技能是无限的。因此，每个人都应持谦虚态度，不断学习，不断进取。一个人无论经验多么丰富，在错综复杂的客观事物面前，对问题的认识和处理也难免失于偏颇。因此，在待人接物和处理问题时，一定要持谨慎态度，切忌急躁轻率、鲁莽冒失。

谦虚有利于保持平和的心态。党员干部由于手握一定的权力，容易让一些别有用心的人从精神上麻痹。他们往往会想方设法从精神上取悦、讨好领导，比如在领导面前口吐阿谀奉承之词，给领导拍马屁、抬轿子、吹喇叭、戴高帽，目的是讨领导的欢心和器重。这时，党员干部就要有自知之明，要清醒地知道自己有几斤几两，千万不能把这些场面上的话当真。尤其要保持谦虚谨慎的作风，即使自己有一定的能力和水平，也不能半推半就地接受他们的精神上的贿赂，使自己一不小心进入他们设计的圈套。

谦虚能使自己思路更加开阔。一些党员干部有了一点权力、有了一点业绩，就沾沾自喜、忘乎所以，甚至认为老子天下第一，世上无人可比。这时，就容易忘记学习，尤其是容易忘记向比自己级别低的人学习，向普通员工学习更是不可能的了。时间长了，这样的党员干部只能成为井底之蛙，只能越来越脱离实际、脱离时代，最终被时代所抛弃。谦虚的党员干部，则能主动俯下身子，向专家请教，向群众请教，向那些真正的英雄请教，从而不断开阔自己的思路，开拓自己的视野，才能把工作做好。

作为党员干部，一定要注意保持谦虚的胸怀，要谦逊待人，谦虚处世。

谦虚处世，就要用平和的心态来看待世间的一切，有无私奉献、不骄不躁、淡泊从容、宠辱不惊的宽广胸襟；不矫揉造作，不处处冒尖，不浮夸吹嘘、不盛气凌人、不飞扬跋扈、不盲目自大、不颐指气使。即使认为自己满腹才华，能力比别人强，也要学会藏拙。学会尊重别人的长处，善于守拙，既不会影响自我优势的发挥，还能赢得别人的尊重，何乐而不为？

谦虚处世，要始终把自己当成普通的一分子，自觉融入群众中去。党员干部如果只是单枪匹马地战斗，不靠集体或团队的力量，是不可能获得真正成功的。在这竞争激烈的时代，如果懂得汇合大家的能力和知识来面对一项工作，则将无往而不胜。

谦虚处世，就要谦让不争。对一些没必要、不值得的事，低调是最好的选择。能舍则舍，能弃则弃，割舍掉一些小的利益，换取更大的利益，维护大局的平稳，是低调者的至高境界。平时要多思索、少说话，多安静、少表现。不能被人看成是个爱抢风头的人，从而激起嫉妒，产生矛盾和公愤。

作为领导干部，要善于向下属学习。在日常管理中，每一位下属都可以找出他们的长处，谦虚地向他们学习，尽管他们是下属。一个成功的领导干部，往往不是一开始即具备非凡的能力，而是不断地向他人学习，汲取别人的长处，从学习的过程中一步一步地完善和发展自己的领导才能。

做到谦虚处世、虚怀若谷，必须力戒三种现象。

一戒骄傲自满。老是记着过去的成就表明今天做得不够好。党员干部不能老是把过去放在口头上，满足于已有成绩，关键是看今天的贡献。要敢于承认自己的不足，善于寻找差距，“知之为知之，不知为不知”，极力改变自己自以为是的“半瓶醋”行为，自信做事，谦虚做人，坚持不懈，不断提高自身修养和能力。

二戒过分谦虚。谦虚需要把握好“度”，既不要锋芒毕露，也不能过分谦虚。过分谦虚会给人一种不真诚的感觉。过分谦虚也会使自己形成卑微的心理定式，说话做事唯唯诺诺，缺少大胆创新的勇气和果断行事的魄力，终将落后于时代发展。谦虚不同于自卑，不是要将自己说得低人一等，过分的谦虚等于骄傲，一味地谦虚会给人造成一种虚伪的印象。在该表现的时候，一定要恰当地展示自己的才能和实力，这才是心灵纯净的表现。

三戒丧失原则。谦虚不是迁就，不能在原则问题上“抹稀泥”。对班子成员的敬重和谦让，应该体现在真诚学其所长和全力支持其工作上，而不是无原则迁就。相反，一旦觉察班子成员的思想和行为有不对之处，就要实事求是、严肃认真地予以指出。柔中有刚，绵里有针，这才是正确的谦虚。谦虚低调不是懦弱，而是比刚强更有力的策略，是潜心努力、积蓄能量、蓄势待发，是聪明持久的象征。

真正的谦虚不是一味地否定自己，而是对自我有合理清醒的认识，能够客观地看到自己的缺点，对自己的优点也不会盲目夸大。谦虚不是虚伪，更不是虚弱，而是放开心胸容纳他人，低下头来尊重他人。谦虚不是退避，更不是推诿，而是虚怀若谷地精益求精，不耻下问地处处学习。谦虚是一种永不满足的探索创新，谦虚是一种求真务实的思想品德，谦虚是一种能够坦然面对成就和荣誉的精神境界。

第五章

铸造担当的风骨

习近平同志在2013年全国组织工作会议上提出了好干部标准，其中强调好干部要敢于担当。担当就是责任，一个党员干部好不好，很重要的一条是看有没有责任感，有没有担当精神。作为党的干部，就应当争做敢于负责、勇于担当的表率，养成担当的习惯，锤炼担当的意志，树立敢于担当的作风，敢作敢为，以对党对人民的事业、对历史高度负责的精神，面对大是大非敢于亮剑，在难题面前勇于开拓，在矛盾面前敢抓敢管，在风险面前敢担责任，切实做到敢担当、能担当、会担当，真正肩负起时代赋予的伟大使命。

一、权力就是责任，当官就得担当

一个人若是没有热情，他将一事无成，而热情的基点正是责任心。——列夫·托尔斯泰

所谓担当，就是指能够勇挑重担、敢于负责。担当常与责任、良心、价值、奉献、牺牲、勇气、才干等因素联系在一起，从而被赋予丰富的内涵。它既代表着“在其位、谋其政”的履职尽责，也体现着“先天下之忧而忧，后天下之乐而乐”的海阔胸怀；它既代表着“知其难为而为之”的执着信念，也体现着“明知山有虎，偏向虎山行”的无畏勇气。

是否具有担当精神，能否忠诚履责、尽心尽责、勇于担责，是一个人品德高下和素质强弱的重要尺度。面对矛盾、问题和困难，是畏首畏尾，裹足不前，退避三舍，还是担起责任，勇于攻坚，化难为夷，集中体现了一个人道德境界的高低，也决定着一个人最终能否有所作为。

担当，有不同领域、不同层次、不同形式：“一人做事一人当”，是普通百姓对担当率直快意的表达；“天下兴亡，匹夫有责”，是仁人志士丹心报国的担当誓言；“穷且益坚，不坠青云之志”，是有志者身处困境自我担当意念的袒露。人生需要担当，有担当的人生才能尽显大气与豪迈；家庭需要担当，有担当的家庭才能拥有和谐与融洽；一个单位需要有担当的成员，有担当方能成就“经世之事业”；一个

社会需要有担当的脊梁，有担当方能谋取天下的福祉。

敢于担当作为民族精神的重要内容，深深植根于中华民族优秀文化传统。从《周易》的“天行健，君子以自强不息”，诸葛亮的“鞠躬尽瘁，死而后已”，张载的“为天地立心，为生民立命，为往圣继绝学，为万世开太平”，文天祥的“人生自古谁无死，留取丹心照汗青”，到顾炎武的“天下兴亡，匹夫有责”，林则徐的“苟利国家生死以，岂因祸福避趋之”，孙中山的“勇往直前，以浩气赴事功，置死生于度外”等等，古人先贤的嘉言懿行，都生动诠释了中华民族敢于责任担当的内在禀赋。

倡导干部要敢于担当，现今具有很强的现实针对性。敢于担当是干部的职责要求。权力就是责任，干部就要担当。有多大的担当才能干多大的事业，尽多大的责任才会有多大的成就。担当精神体现着干部的党性和觉悟，体现着干部的胸襟和勇气，也决定着干部职责的履行、作用的发挥、贡献的大小。对干部来说，责任无处不在，担当义不容辞，必须做到守土有责、守土尽责，遇到事情就要担责、负责，出了问题还要追责、问责。对职责范围的工作不认真负责，就不是一个称职的干部，就没有资格做领导工作。党的宗旨是为人民服务，党的干部就应当先之劳之、以身作则，就应当敢于负责、敢于担当。

反观现实社会，有不少干部存在不愿担当、不敢担当的问题。有的在其位不谋其政，推诿扯皮、敷衍塞责，遇到矛盾问题绕道走；有的认为自己职权有限、能力有限，无力担当；有的怕得罪人，信奉多栽花、少栽刺的庸俗哲学，搞无原则的一团和气；有的明哲保身，不求有功、但求无过，平平安安占位子、庸庸碌碌混日子；还有的干部借口党纪党规要求严了、紧箍咒紧了，为自己不担当、不作为找理由，该抓的事不抓，该管的事不管。

一个干部如果缺乏担当精神，只会亦步亦趋地守着“不出事”的逻辑，畏首畏尾地扮着“老好人”的角色，世故圆滑地成为推托难题的“太极高手”，见困难就缩，见问题就推，见矛盾就躲，一门心思当“太平官”，就是不称职，甚至是失职、渎职。

如果这种不敢担当、不愿担当、不会担当的“老好人”、“官油子”、“墙头草”多了，党和人民的事业，还怎么向前推进？发展的关键期，又如何攻坚克难？正是从这个意义上，敢于担当，是今天党的干部必须具备的基本素质，也是衡量“好干部”的重要标准。

权力就是责任，有责就要担当。作为全面从严治党的重要制度，2016 年 7 月《中国共产党问责条例》的出台，进一步扎紧了问责的制度笼子，必将有力震慑种种不负责任、不敢担当的行为，推动党组织和党的领导干部切实把责任扛起来，保证党的领导坚强有力。

习近平同志多次强调，有多大担当才能干多大事业，尽多大责任才会有多大成就。我们党总揽全局，领导一切，就要对党和国家各项事业负起全面责任，就要把担子压给全体党员，压给 440 万党组织，尤其是 80 万党员领导干部。有权就有责，权责要对等。对全体党员尤其是 80 万党员领导干部来说，权力是人民赋予的，只能为人民谋福利。不能只想当官不想干事，只想揽权不想担责，只想出彩不想出力。问责条例的出台就是要警示全党，失责就要问责，在权力和责任的关系上，责任是第一位的；在义务和权利的关系上，义务在先。既然选择了入党，就要在党忧党、为党尽职、为民尽责。

“千古风流在担当，万里功名须躬行。”挑担子、负责任是干部的应有之义，但担当精神不是空洞的、抽象的，而是具体的、实在的。

干部强化担当应着力在以下方面下功夫：

强化攻坚克难的改革担当。改革已进入深水区、攻坚期，在全面深化改革中推进伟大事业，必然是一个攻坚克难的过程，尤其需要党员干部有直面矛盾的勇气，有敢于担当的精神。要始终高举改革开放旗帜，切实担负起推进改革的历史重任，有强烈的进取意识、机遇意识、责任意识，有逢山开路、遇河架桥的精神，有明知山有虎、偏向虎山行的劲头，敢于首吃螃蟹、涉险滩、破藩篱，探盲区、辨误区、闯难区；有自我革新的勇气和胸怀，勇于跳出条条框框限制，正确处理中央和地方、全局和局部、长期和当前的关系，不断把各项改革引向深入；敢负责、勇担当，动真格、用实功，以深入研究解决影响改革发展的重大问题和群众反映强烈的突出问题为导向，抓住主要矛盾和关键环节，有重点、有步骤、有秩序推进改革，使改革稳中求进、蹄疾步稳、取得实效。

强化无私奉献的为民担当。习近平提出，不求“官”有多大，但求无愧于民。2014 年初他在俄罗斯索契接受媒体专访时再次强调，自己的执政理念概括起来就是，为人民服务，担当起该担当的责任。党员干部应当强化权力就是责任、干部就是公仆的理念，以天下为公，为人民担责，时刻心系群众，紧紧依靠群众，努力为党和人民执好政、用好权；坚持以人为本，多做顺民意、谋民利、惠民生的事，努力使人民群众共享发展成果，做到为党的事业和人民利益鞠躬尽瘁，以自己的“辛苦指数”换来群众的“幸福指数”。

强化恪尽职守的职责担当。责任只有轻重之分，而无有无之别。干部无论担任何种职务、无论职务大小，都必须忠于职守、敬业奉献、奋发有为，切实做到担责不误、临难不却、履险不惧、受屈不计，做到守土有责、守土负责、守土尽责。干部面对急难险重任务，必须敢于挺身而出、靠前指挥，有胆有识、果断决策，真正成为带领人民群众战风险、渡难关的主心骨；面对庸懒散奢现象、违法乱纪行为、各种歪风邪气，必须坚持原则，保持本色，敢抓善管，动真碰硬，真正做社会主义道德的示范者、诚信风尚的引领者、公平正义的维护者。事不避难，义不逃责，为了党和人民事业，要保持舍我其谁的气概，有敢为敢当的精神，有善做善成的本领，始终保持一股艰苦奋斗的劲头和锐意进取的激情，把全部心思和精力用在干事创业上，真正创造让人民群众受益、经得起历史检验的业绩。

二、始终心中有责，主动履职尽责

人所能负的责任，我必能负；人所不能负的责任，我亦能负。如此，才能磨炼自己。——林肯

“责任”是一个很厚重的概念，是检验一个人做人是否合格的重要标准和尺度。近代学者梁启超说：“人生于天地间，各有责任。一家之人各个放弃责任，则家必落；一国之人各个放弃责任，则国必亡。”可见“责任”对于做人的重要性

责任重如泰山。德国飞机涡轮机的发明人海恩研究提出一个关于飞行安全的法则——海恩法则：任何不安全事故都是可以预防的。每一起严重事故的背后，必然有 29 次轻微事故、300 起事故苗头及 1000 起事故隐患。海恩法则强调两点：一是事故的发生是量的积累

结果；二是再好的技术、再完美的规章，在实际操作层面也无法取代人的自身素质和责任心。海恩法则告诉我们，每一起技术服务质量安全和恶性案件发生之前都存在大量的事故隐患和苗头，只是人们没有给予高度重视，甚至对一些不规范的做法习以为常。

责任胜于能力。如果一个人希望自己一直有杰出的表现，就必须在心中种下责任的种子。责任可以激发人的潜能，只有履行好职责，才能让能力发挥出最大效能。因此，能力是前提、责任是保证。如果一个人只有能力而没有责任心，往往会误事，甚至会坏事。责任感不是与生俱来的，需要个人对事业的忠诚和对岗位的热爱，更需要自觉维护，只有这样，才能形成真正的责任行为。

尽责是人之天职，贯穿人的一生。一个人步入人生旅途、成为各种社会角色，必须尽到相应的社会责任：是父母就应尽到抚养子女的责任，是儿女就应尽到赡养老人的责任，是工人农民就应尽到搞好生产的责任，是军人就应尽到保家卫国的责任，是党员干部就应尽到立党为公、执政为民的责任。一个人扮演的角色越多，承担的责任也就越大；所处的地位越高，肩负的责任也就越重。履职尽责，需要情感与理性的交融、认知与行动的合一。具体来说，就是把知责之心、担责之能、履责之行有机统一起来。

美国著名管理学家杜拉克说："一个人不论职位有多高，如果总是强调自己的职权，那么他永远只能是别人的'部属'。反言之，一个重视贡献的人，一个注意对成果负责的人，尽管他位卑职小，他还是可以位列于'高阶层'，因为他以整体的绩效为己任。"领导干部的优秀代表郑培民常说："权力是人民给的，应该为人民办事。"老百姓拥护他，就是因为他把自己对人民的那份责任看得比生命还重要。

责任是一种客观需要，也是一种主观追求；是自律，也是他律。一切追求文明和进步的人们，应该基于自己的良知、信念、觉悟，自觉自愿地履行责任，为国家、为社会、为他人做出自己的奉献。无论是道德责任还是法定责任，都不以个人意志为转移。不履行道德责任，会受到道德的谴责和良心的拷问；不履行法定责任，会受到法律的追究和制度的惩处。不负责任，群众就得向你告别，组织就得向你告别。

党员干部应当心中有责，勇于负责，积极履行自己的职责，完成自己承担的使命，做好自己的本职工作。人生一世，没有人能逃脱这样那样的责任，不管是对工作、对家庭，还是对社会。只有富于责任心的人，时时处处尽责的人，才不愧为真正的人、大写的人。

勇于负责，起码有这样几层含义：一是出色地履行职责。作为一个地方、一个部门、一个组织的主要领导，就是要承担起这个地方、这个部门的改革之责、发展之责、稳定之责，而作为分管领导就得勇敢地承担起分管的那一块责任，不过多地牵扯主要领导的精力，与相关部门一道把分管的工作做好，出色完成组织交给的任务。二是“好汉做事好汉当”。一旦工作出现纰漏或因疏忽而引起错误，要勇于负责、认真从自己身上找原因，而不是找借口开脱自己。三是要正视困难和问题，敢于负责，并主动“收拾残局”，采取措施防止事态恶化、扭转局面。

勇于负责，是党员干部的应有之义。职务意味着责任，权力意味着压力。而且职位越高、权力越大，肩上的责任就越重。有职务没有责任，有权力没有压力的好事应该找不到。享受一定的权利，必须尽到相应的责任；尽到一定的责任，才能享有相应的权利。所以，敢于承担责任既是对一个干部的起码要求，也是一个好干部必须具备的政治品格。

勇于负责，是一种极强的人格魅力。因为肩负责任，才敢于果断决策，才敢于面对工作中的挑战。丘吉尔说过："高尚、伟大的代价就是责任。"梁启超说："这个社会尊重那些为它尽到责任的人。"领导干部的人格魅力源于所负的责任，做事多少与所负责任成正比。可以想象，一个没有责任感的干部，何谈履行职责，何谈成就大事。领导干部负责任是激发下属斗志、振奋工作精神、鼓励下属敢于负责任的强心剂和定心丸。

当干部如果不负责任，等于自动放弃权力。对党负责，对人民负责，首先应该对自己负责，对自己的名声负责，对自己的形象负责，对自己的前途负责。充满热情地干好本职工作，认真负责地处理好每件事情，不论在哪个地方、哪个部门的工作都干得有声有色，应该成为领导干部追求的目标和快乐。

一是善于知责。知责之心是尽责的前提。责任无处不在，知责才能思为。任何一个人，只要充当了某种社会角色，就逃不脱责任的约束。一个普通公民，应当履行公民的权利和义务；一名党员，应该按照党章党规尽好自己的义务和责任，严格要求自己；一个领导干部，应该对党和人民负起重要责任。从公民到党的领导干部，不只是身份的变化，更是责任加重，职务越高责任越大，地位越重要责任也就越大。在其位、谋其政、负其责，这是对党员干部最基本的要求。因此，党员干部要不断增强责任意识、使命意识和忧患意识，做到守土有责、尽职尽责、认真负责。

二是努力尽责。干部就是先干一步。当干部不仅仅是个待遇，更多的是责任，对上是党组织的信任和赋予的任务，对下是人民的重托。既要有“为官一任，造福一方”的抱负，又要有“衙斋卧听萧萧竹，疑是民间疾苦”的济世情怀，时刻牢记自己的使命和职责，牢记组织和群众的重托，自觉把岗位职责、分内之事铭记于心，该做什么、怎么去做及早谋划、未雨绸缪；以高昂的状态、创新的姿态、务实的作风，殚精竭虑，孜孜不倦，鞠躬尽瘁，立足本职岗位，尽心尽责，一心扑在工作上，有没有人看到都一样，做到不因事大而难为、不因事小而不为、不因事多而忘为、不因事杂而错为，认真抓好各项工作的落实。

三是勇于担责。歌德说：“尽力履行你的职责，那你就会立刻知道你的价值。”为官避事平生耻，尽责是为官做人之本。勇于负责，不只是一句表态，而是面对困难和挑战，遇到矛盾和问题，决不能推诿扯皮、揽功诿过，决不循规蹈矩、墨守成规，要敢为人先，敢于突破，勇于创新，与时俱进，奋力拼搏，敢于承担风险，敢于承担责任，敢于开拓进取、创造性开展工作，切实把对上负责与对下负责一致起来，强化责任心，敢于一抓到底，抓出成效。面对失误，要从自身找原因，主动担起责任。揽功诿过是干部的一大忌，决不能有了成绩都归自己、出了问题就推给他人。现在，每个干部肩上都有千斤重担，人人都有可能出现这样那样的失误。因此，要能够勇敢地面对工作中的失误，积极主动地去改正错误，把改正错误、总结教训的过程作为成长进步的阶梯。

责任之重，重于泰山；责任之心，时刻不忘。时代需要干部无私奉献、尽职尽责。只有肩负重担、勇于承担责任的人，脚步才坚定，跨度才快捷。一个党的好干部，应当对党组织负责、对人民群众负责、对事业负责、对自己负责、对家庭负责，特别是对自己的工作要恪尽职守，尽职尽责，在岗一日，尽责一天，兢兢业业地完成自己的工作任务，卓有成效地履行自己的神圣职责。

三、大事难事看担当，迎难而上解难题

一个人越敢于担当大任，他的意气就越风发。

——班斯腾·班生

四川宜宾流杯池公园有一石刻，上面有这样一段话："大事难事看担当，顺境逆境看襟度，临喜临怒看涵养，群行群止看识见。有作为者定有不凡。"这四"看"讲的是在人生的各种关口，最能看出一个人的品性、胸怀、修养和境界。此处拈出第一个"看"——"大事难事看担当"，略加引申，遇"大事难事"，能不能"担当"，集中体现了当事人人格力量的强弱和道德境界的高低，对担负着领导责任的领导干部来说更应如此。

"大事难事看担当"。这里的"大事难事"，不仅指个人的大事、难事，更指国家、社会的大事、难事。生而在世，在国家大事、社会难事面前，是退避三舍，还是担起责任、勇于攻坚、化难为夷，不仅看出一个人境界的高下，也决定着一个人最终是否有所作为。

"大事难事看担当"，在关键时刻敢挑担子、负责任，即在责任面前不回避、不退缩、不推诿。这体现了"疾风知劲草"的坚定品性和"临危不惜身"的高尚节操。英国的绅士风度，除了文质彬彬、优

雅得体外，其实还包含明确的责任意识。英国谚语说：“只有懦夫，才逃避自己的责任。”英国学者史密斯说：“接受责任的能力是评价任何人的准绳。”丘吉尔也说：“高尚、伟大的代价就是负责任。”

邓小平说过，没有一点闯的精神，没有一点冒的精神，就走不出新的路子，就干不出新的事业。实践表明，领导干部敢不敢突破、敢不敢担当、能不能创新，对于一个地区和单位的发展至关重要。只有敢于突破、勇于担当者，才能够抓住机遇，乘势而上，从而获得未来发展的主动权。而那些畏首畏尾缩手缩脚者，在机遇和挑战面前就会贻误加快发展的大好时机。

面临那些大事或难事的时候，便可看出一个人的担当来。如果他能够在艰难危险的时候挺身而出，或者是在紧要关头承担大任，就肯定会成为更多的人的精神支柱，也往往会被大家所信服和拥戴。如此，才能树立威望、推动工作。

大事难事看担当，最重要的是要勇于担当危难。任何一项事物的发展都不是一帆风顺的，危难可能在任何时间、任何地点，以任何意想不到的方式发生。危难当头、紧要关口，需要有人挺身而出，勇于担当。“智谋出于急难，巧计生于临危。”大危难孕育着大作为，大挫折磨砺着大机智，大困难蕴含着大机遇。担当危难，是一种睿智和本领，是一种清醒和坚定，是一种宽广胸怀和至高境界。“挽狂澜于既倒，扶大厦之将倾”，是担当危难的生动写照；“沧海横流，方显英雄本色”，是对担当危难的真情赞美。

挑担子、负责任是干部的应有之义。不管官大官小，一旦走上了管理岗位，就意味着肩挑担子、背负责任，所作所为都要对人民负责、对工作负责。

在事关生存发展的重大决策面前敢于担当。领导干部要经常面临决策和执行，有决策、有执行，尤其需要有担当。如果不敢担当，存在过于求稳的思想，对某些看准了的事情，还要等一等、缓一缓、看一看，等时机成熟再来作决定，就可能错过时机、贻误发展。当无法预见到事物发展的结果时，对决策的后果个人可能要付出一定代价，要敢于拍板、下决心、作决策，一旦出现问题和事故，敢于挺身而出，敢于承担责任、保护下属。

诺曼底登陆前夕，盟军司令艾森豪威尔曾写了一份新闻稿，他写道："我们在瑟堡—阿弗尔地区登陆时未能找到令人满意的据点，我已下令撤回部队。我是依据我得到的最佳情报作出发动进攻的决定的。空军和海军部队表现出了英勇无畏和忠于职守的精神。如果这次登陆行动因为失败而受到任何指责的话，那都由我一人承担。"

可见，一旦登陆失败，艾森豪威尔要一个人主动地把全部重大的历史责任扛起来，只是由于诺曼底登陆一举成功，这个新闻稿没有发表而已。为什么诺曼底登陆会成功？原因是多方面的，其中很重要的一点就是作为盟军最高指挥官，艾森豪威尔在这一重大的历史任务面前表现出彻底的、大无畏的担当精神，极大地激发了各参战部队的战斗意志，盟军形成了无坚不摧的战斗力。

在事关群众根本利益的大是大非面前需要担当。在重大问题上大家意见不统一，甚至是反对意见占上风的时候，不随波逐流，敢于坚持正气，勇于坚持群众利益。"文革"之后，邓小平大刀阔斧地拨乱反正，否定了"两个凡是"错误的思想路线，在全党号召要全面客观地评价毛泽东思想，在把握大是大非的理论和路线问题上体现了非凡的勇气和魄力。

大事难事看担当，最需要的是无私无畏的勇气。解决百姓最期待的大事难事，最需要的是“难官”，要求党员干部能够把执政的视角和百姓的视角完全统一起来，只要是老百姓眼中的大事，就是自己眼中的大事，不管事情有多难，都要敢于担当。要把工作重点放在狠抓落实上，定下的事雷厉风行，看准的事一抓到底，尽快把计划、目标、任务落实到具体、实在的行动中，变成有形的、有数的、有内容的项目和实实在在的发展成果。

当然，这样做“难官”不仅难度大，而且风险也大，弄得不好，会影响自己的政绩，危及自己的仕途。所以，这就需要党员干部有“大忠诚”意识，敢于“舍得声誉”、“不惜放弃”，真正把党的利益、国家的利益、人民的利益放在小我之上，党和人民的事业才有前途。

在棘手问题和急难险重任务面前需要担当。大事当前，危机面前，不回避、不推诿、不扯皮，能主动靠前请命，勇挑重担，为国分忧、为民解难。在急难险重的任务面前，有敢为天下先的勇气和魄力，有完成任务的能力和素质，这就是担当。正是有了这种担当，才铸就了抗震救灾的伟大洪流，凝聚起社会各方的巨大精神力量，为“5·12”汶川特大地震抗震救灾的胜利注入了强大的动力。

纽约前市长朱利安尼在一本书中写道：所谓的领导，就是在享受特权的同时，承担起更大的责任，在风险或危机来临时，有勇气站出来，单独扛起压力。

有人说，是“9·11”成就了纽约前市长鲁道夫·朱利安尼。实际上朱利安尼在上任之初曾花了一年多的时间做危机管理这门功课，诸如生化武器或炸弹攻击等，并且反复检讨与练习。他的领导才能很早就已经表现出来了。因此，“9·11”的发生虽然出人意料，但在发生时，他能够坚强理智地带领纽约市民走出这场前所未有的劫难。

朱利安尼在当时的危急时刻敏感地意识到："我必须露面，我是纽约市市长，我应对危机的方法就是亲临现场并掌控局面。如果我没在电视上出现，对这个城市将更加不利。"

在急难险重的任务面前，有敢为天下先的勇气和魄力，有完成任务的能力和素质，这就是担当精神。在很多时候，生命和崇高的责任是联系在一起的。尤其是站在风口浪尖时，更是可以看出一个人的责任感、使命感和一种勇于担当的气度。

做任何事情都存在困难，但无论困难多大，关键是怎么去寻找办法，用怎样的方法来战胜困难，而不是遇见困难就逃避，就让步，就束手无策。要敢于正视它们，同它们打交道，以一种进取的和明智的方式同它们斗争；要想方设法去解决它，用挑战自我的方法挑战困难、克服困难。只有这样，才是一个真正具有胆识的好干部

矛盾问题面前，最能考验干部的担当精神。只有始终把群众的疾苦放在心上，把党的事业扛在肩上，才能做到问题面前不回避、压力面前不躲闪、困难面前不推托、挑战面前不畏惧，才能做到平时工作看得出来、关键时刻站得出来、危急关头豁得出来。

干事创业，唯其艰难，更显勇毅。面对困难，有多大担当，就有多大作为；尽多大责任，就会有多大成就。壮族有句俗话："下河莫怕漩涡多，打铁莫怕火烫脚。"在其位就要谋其政，敷衍塞责、怕事躲事，就是失职。疾风知劲草，烈火见真金。为了党和人民的事业，党员干部应该不惧湍急的漩涡、不畏熊熊的烈火，过好河、打好铁，做时代的劲草和真金。

四、坚持原则敢担当，正道直行不惧邪

如果在原则上发生错误，那就不只是会发生个别的错误，而会发生系统的、一贯的、一系列实际问题上的错误。

——刘少奇

原则是为人处世的根本，是党员干部德才兼备的基础。党员干部不光要有做人的原则，明辨是与非、善与恶、美与丑，诚实守信、知恩图报、遵纪守法，还必须敢于坚持原则。坚持原则，就是要始终按政策办事、按程序办事、按规矩办事，不以私情废公事、不拿原则做交易。

敢于坚持原则、勇于负责、不怕得罪人，是为政之德的基本要求。对党员干部来说，坚持原则、敢抓敢管在群众眼中是最重要的形象，不讲原则、不负责任在群众眼中是最可憎的行为。要看到，不得罪歪风邪气，就必定得罪公道正气；不得罪少数有这样那样问题的人，就可能得罪大多数奉公守法的人。

无论是领导干部也好，还是一般的年轻干部也好，都应牢记这个原则：靠原则、靠公正、靠廉洁来树立权威。杨善洲说过："无论是做事还是做人，总得有个标准，有个原则。要老老实实做人，踏踏实实做事。"

坚持原则，必须敢于担当。不过，现在的一些党员干部，却和泥瓦匠有得一比——他们也爱和稀泥，无原则地调解或折中。比如，有

的信奉“多栽花、少栽刺”，做老好人，搞无原则的一团和气；有的不敢开展正常的批评与提醒，不能指出别人工作中的缺点错误，在“打哈哈”中让小错发酵升级；有的习惯随“大流”，不敢旗帜鲜明地坚持什么、反对什么，人云亦云、左右逢源；有的对不良行为或腐败现象淡然置之，甚至姑息迁就……

为什么出现和稀泥的现象？探其缘由，主要有四：一是私心作祟，怕得罪人、丢选票、失分数；二是缺乏责任心，抱着“做一天和尚撞一天钟”的心态对待工作，对群众和同志漠不关心，对党和人民的事业不上心；三是碍于人情，拉不下面子，对一些违背原则的人和事采取视而不见的态度；四是心虚气短，怕讲原则被别人抓住自己的“软肋”，怕动真碰硬暴露了自身存在的问题、被人揭老底。凡此种种，说到底还是个人的得失心太重，面子、圈子、场子里动不了真，私心、私情、私利中撕不开脸，在患得患失中看不清大局，在顾虑重重中辨不准方向。

邓小平曾经指出：“不讲党性，不讲原则，说话做事看‘来头’、看风向，满以为这样不会犯错误。其实随风倒本身就是一个违反共产党员党性的大错误。”坚持原则，体现的是对党的事业的坚定忠诚，对人民利益的高度负责，对职责使命的无畏担当。

古人云“见小利，不能立大功；存私心，不能谋公事”。干部如果私心很重，整天患得患失，尤其是遇到需要为公家、为集体作出决策，需要担当一些风险的时候，就会担心害怕对自己不利，于是止步不前。相反，无私者，就完全能够抛弃一切私心杂念，全心全意投入到工作中，只要是为了大多数人的利益，他就愿意赴汤蹈火，他就无所畏惧。他们畏惧的是什么呢？畏惧的是眼前利益的得失，实际上，他们并不明白，真正应该畏惧的不是别的什么，而是历史、是人民群众。

无私才能敢于坚持原则。只要是为了集体的利益，只要是为了群众的利益，党员干部就敢于出来讲真话、讲硬话，敢于坚持原则。事实上，不讲原则就没有公正，在一个人身上失去原则，在众人面前就失去了说服力。你得罪一个该得罪的人，就会有许多群众真心支持你，被得罪的人时间长了也会理解你。即使人家记恨你，你也不用担心，无私者无畏。历史上的廉正清官，从宋朝的包拯到明朝的海瑞、于谦，他们都是性格刚直无私的人，所以在生活中他们才无所畏惧。

2004 年 12 月 28 日晚，2004CCTV 中国经济年度人物各个奖项在北京饭店揭开谜底。在年度人物的评选中，时任国家审计署署长的李金华赢得满堂彩，一个人赢得了两座奖杯：2004 中国经济年度人物和年度人物大奖。“我是代表 8 万名审计干部来领这个奖的。”李金华在发表获奖感言时，一再感谢大家对审计事业及他个人的支持，他说许多对他个人的赞誉让他承受不了。他把审计工作取得好成绩的原因归功于“环境好”，“没有中央的支持，没有群众的支持，我李金华就不可能有所作为”。中央电视台将一段有关审计干部遭遇威胁、报复及如何忘我工作的录像，播放给李金华和现场的观众。李金华的声音哽咽了，尽管这些事他早已知道，但还是忍不住热泪盈眶。身处“审计风暴”的漩涡里，面对那些比自己的官职还显要的审计对象，面对那些可以想见的压力，李金华能够泰然处之。

勇于担当，不只是在批评和自我批评时坚持原则、敢于揭短亮丑，更是对党员干部全方位的要求。“面对大是大非敢于亮剑，面对矛盾敢于迎难而上，面对危机敢于挺身而出，面对失误敢于承担责任，面对歪风邪气敢于坚决斗争。”习近平对担当精神做出的精辟概括，为广大党员干部树立起“敢”字为先的从政准则。

坚持原则要过好人情关。党员干部并不是不能讲人情，而是不能为了人情放弃原则，不能用人情代替政策，不能损坏党性原则、突破法规界限。交情归交情，原则归原则，交情再深，也不能违反原则办事。如果为了照顾所谓的人情，为了不得罪人，不惜拿原则与少数人做交易，就会把人情庸俗化了。现实中确有一些人，颠倒了人情与原则的关系，把情面看得比原则还重，经受不住人情和金钱的拉拢与腐蚀，在公与私、人情与原则的天平上，轻易地做了人情的奴隶和俘虏，什么“情”都领，什么“忙”都帮，是非不分，违法乱纪，丧失了自己的立场和原则。所以说，一定要注意处理好人情与原则的关系，要把人情尽量限定在尽心和情分的范围内，以不违反原则和党纪国法为限，不妨碍社会的公平感受，坚决避免自己的权力深度介入人情请托之中，尤其对重大利益和重要人事问题，要自觉和严密地设置人情防火墙，自己不去突破，也严防别人逾越。

坚持原则要抵制歪风邪气。面对各种歪风邪气，是做挡风驱邪的泰山石，还是做八面玲珑的老好人，对每个干部都是现实的考验。党员干部在处理问题的时候，要以党和人民的利益为重，始终怀有坚持真理、抵制错误的胆略和气魄，面对损害党和人民利益的行为，敢于挺身而出，作坚决的斗争。要始终相信，邪气压不过正气，罪恶见不得阳光。只要每个党员干部都发扬认真精神，不畏权势、不怕邪气，敢于较真、敢抓敢管，就会使歪风邪气没有市场，就一定能够实现风清气正。

坚持原则要能够承受压力。党员干部要办事公道，就必然会有压力，会碰上各种干扰，特别会碰上那些不讲原则、不奉公守法的有权有势者的干扰。遇到压力和干扰时可能有两种态度，一种是为了促使自己免受压力，就会向有权有势者屈服；一种是大公无私，不计个人得失，不怕权势，坚持办事公道。领导干部要有一种不信邪的精神，当遇到不正之风干扰时，不管这种干扰来自哪里，是什么背景，都要敢于抵制。当对干部看法和使用意见不一致，尤其是当别的干部受到不公正对待和错误处理时，要敢于站出来主持正义，说公道话，处理错了的，要按照政策坚决纠正；当各种跑官风、说情风刮来时，不仅要丝毫不为所动，而且要旗帜鲜明地加以反对，这样才能保证用人处事的公正，才能实现公平正义。

五、打铁还得自身硬，夯实担当的底气

要使一个人显示他的本质，叫他承担一种责任是最有效的办法。

——毛姆

责重山岳，能者当之。善于担当是一种能力，需要有底气。“打铁还需自身硬”。没有动真碰硬的底气和本领，自然谈不上坚持原则、敢于担当。党员干部不仅要为人正派、坚持原则、明辨是非，做到不徇私情、不畏权势、不怕邪气；还要与时俱进，善于学习、增长才干。唯有练就“政治上靠得住、工作上有本事、作风上过得硬、人民群众信得过”的“金刚不败之身”，肩膀硬、腰杆直，才能切实做到敢担当、能担当、善担当。

“其身正，不令而行。其身不正，虽令不从。”欧阳修说：“以

令率人，不若身先。”凡事不能率先垂范，不敢说“我先打个样儿”，而是手电筒照人，宽以待己，严于律人，偏偏自己就有遍体的软肋、硬伤和死穴，天天有人在背后戳脊梁骨，说话办事自然就硬气不起来，这样的人只能让人看低看轻看不起，又如何能让人信任信服、让人心服口服？怎么能振臂一呼，应者云集？当然也就没有了担当的资格和底气。

只有自己练就金刚不坏之身，才能有敢于担当、勇于担当、善于担当的底气和胆气，才有敢于担当的资本。敢于担当是一项重要的领导素质，体现领导的内在修为。敢于担当是一种境界。古人云“为官避事平生耻”，“为天地立心，为生民立命”。对于各级干部来说，必须把勇于担当作为内心深处的价值追求和自觉实践。但是，锻造勇于担当的品格，非一日之功，需日积月累磨砺。要切实认真努力做到以下几个方面：

一要有敢于担当的责任感。人生所有的履历，都必须排在勇于负责的精神之后。责任是使命，责任是动力，一个具有强烈事业心、责任感，对工作高度负责的人，才可能有强烈的使命感和强大的内在动力，才能做好本职工作，才能勇于担当；而一个没有事业心和责任感的人，是不可能勇于担当的。

实践证明，敢不敢于担当，是一个干部事业心和责任感强弱的具体表现。没有强烈的事业心责任感，不可能做到勇于担当。只要始终保持强烈的事业心责任感，就会不畏艰险，不求回报，始终保持对党的事业的执着与追求，始终保持前进的动力与进取心，勇于接受挑战，主动参与竞争，克服一切困难履行职责，扫清一切障碍落实上级指示要求。

二要有敢于担当的无私情怀。无私才能无畏，无畏才敢担当。“鞠躬尽瘁，死而后已”，“先天下之忧而忧，后天下之乐而乐”，“苟利国家生死以，岂因祸福避趋之”，这是封建士大夫的担当。党的干部更应该有天下兴亡、匹夫有责的无私情怀，更应该讲大公无私、公私分明、先公后私、公而忘私。

清正廉洁才能刚正不阿，自己行得正才能敢担当。一个干部如果自己不干净，就无法要求别人，群众就不会跟你走。破一次规矩就会留下一个污点，搞一次特殊就会丧失一分威信，谋一次私利就会失掉一片民心。公生明、廉生威，廉洁自有正气来。

只有一心为公、事事出于公心，才能坦荡做人、谨慎用权，才能光明正大、堂堂正正。相反，一事当前，斤斤计较于个人的名利、前途，整天想着当好人、拉关系、谋私利，遇事先打自己的小算盘，蝇营狗苟，小肚鸡肠，患得患失，斤斤计较，又如何奢望其敢于担当能够担当呢？古人说：“一心可以丧邦，一心可以兴邦，只在公私之间尔。”干部身份是公职、公仆，职责是公务、公干，维护的是公益、公利，就应当始终秉持公心。

要心胸开阔、志存高远，始终心系党、心系人民、心系国家，自觉站在党和人民立场上做决策、办事情，正确看待个人的进退得失，正确对待金钱名利；要以敬畏之心对待肩负的职责和使命，坦荡做人、谨慎用权，光明正大、堂堂正正，磨亮公私分明、先公后私、大公无私的公仆本色，坚守为党为民的政治品格。

三要有敢于担当的坚韧意志。敢于担当是一种胆识，需要有勇气。面对任务勇挑大梁，面对矛盾迎难而上，面对危机挺身而出，面对邪气坚决斗争。有勇气，才能肩负起改革发展稳定的艰巨任务，才能应对好经济社会发展的各种风险考验。

领导干部的担当，很多时候是要担当危难。“挽狂澜于既倒，扶大厦之将倾”，是担当危难的生动写照；“沧海横流，方显英雄本色”，是对担当危难的真情赞美。在维护国家和人民生命财产安全时挺身而出、勇于牺牲，在应对突发事件时处变不惊、见义勇为，这都是担当危难。担当危难，要有坚定的信仰、无私的奉献，还得有顽强的意志，遇到危难而不惧。

俄国著名诗人普希金说过，“大石拦路，弱者视为前进的障碍，勇者视为前进的阶梯”。有人说坚忍的意志往往表现为在困难面前比别人能多坚持 5 分钟的能力。能担当重任的人不仅自己必须具备这种能力而且还能鼓励别人也有这种能力。这样，他从不害怕向人们讲明真实情况，即使在极其困难的情况下，也能使人们充满信心和勇气。丘吉尔在西方被誉为当代最伟大的政治家。据说，无论事实是多么骇人听闻，多么危险不利，他都不向公众隐瞒真情，并能给人们带来希望和信心。

四要有敢于担当的过硬本领。担当需要勇气，更需要能力。俗语说：“没有金刚钻，不揽瓷器活。”如果说起来头头是道，干起来稀松平常，能力缺失，担当无方，也就无从担当，所谓担当也就成了一种作秀和乏力的一腔热血，就会失去群众对你的信任，说话就没有号召力，说了别人也会不服气。艺高人胆大，有了硬本领才能真担当。否则，就是盲目的担当。胸中无数，不知所措；举措有力，事半功倍。没有真本事、真本领，勇于担当的结果可能会事与愿违，甚至酿成大祸。

担当还需要智慧。看问题比别人深一步，想办法比别人高一筹，抓工作比别人实一些，要积极应对发展过程中可能出现的新情况，处理矛盾讲究策略，解决问题注意方法，既要做到坚持政策不走样，体现原则性，又要灵活把握不教条，富于创造性。这就要求领导干部下大气力苦练内功，提升履职尽责能力。

领导干部敢于担当，要提高科学决策的本领，善于用战略思维、辩证思维、系统思维、创新思维、底线思维来观察和分析问题，进行正确的、有效的决策；要勤于抓落实、善于抓落实，着力提高狠抓工作落实的本领，发扬认真精神、务实作风，靠实干开创新的局面，靠实干凝聚广大群众，防止徒陈空文、等待观望、急功近利；还要掌握科学的工作方法。科学是无畏的，是尊重规律，按规律办事才能无往而不胜，在关键时刻发挥自己的聪明才智，学会巧干、精干、实干。

五要营造敢于担当的良好氛围。在党员干部中弘扬责任担当精神，既需要党员干部加强自身修养，也需要营造良好氛围。只有旗帜鲜明地鼓励担当者、支持担当者、保护担当者，为那些勇担当、有本事、坚持原则、不怕得罪人的干部撑腰鼓劲、说公道话，要让敢于担当的党员干部认识提升有平台、能力提高有渠道、干事创业有舞台、成效突出有地位，决不让坚持原则的干部吃亏，不让到处讨好的人占先，才能使敢于担当成为领导干部的自觉追求，才能更好引导党员干部树立在其位、谋其政、成其事的责任担当意识，最大限度激发党员干部干事创业的信心和决心。

要建立起科学有效的选人用人机制，坚持公道正派，按照习近平总书记关于好干部的标准，真正把那些“信念坚定、为民服务、勤政务实、敢于担当、清正廉洁”的优秀干部及时发现出来、合理使用起来，做到用一贤人则群贤毕至，见贤思齐就蔚然成风。

完善党员领导干部考核评价机制，把履职和问责结合起来，把责任心和责任制统一起来，褒奖那些敢担当的干部，教育和调整那些得过且过的干部。广泛宣传埋头苦干、开拓创新的先进典型人物及事迹，大力倡导讲责任、讲担当的良好风气，积极营造崇尚担当、敬重担当的生动局面，真正使敢于担当成为党员干部的自觉追求，使勇担当、敢作为在干部队伍中形成风尚，使坚持原则、敢于担当的空气越来越浓厚。

第六章

争做守纪的模范

守纪律、讲规矩是对党员干部的基本素质要求，是对党员干部党性的重要考验，是对党忠诚度的重要检验。党员干部特别是领导干部，手中权力大、肩上责任重，拥有决策处置权，掌握资源分配权，守不守纪律、讲不讲规矩，直接关系全党是否令行禁止、集中统一，关系党的各项政策能否得到有效贯彻，关系党的执政权力是否真正用来为人民服务。因此，各级党员干部要牢固树立纪律和规矩意识，心存敬畏，手握戒尺，慎独慎微，以更强的党性意识、政治觉悟和组织观念要求自己，在守纪律、讲规矩上作表率。

一、纪律严明是优良传统，也是政治优势

我们现在必须完全保持党的纪律，否则一切都会陷入污泥中。

——马克思

严明的纪律是中国共产党的显著标志和政治优势。党是靠革命理想和铁的纪律组织、发展和壮大起来的马克思主义政党。马克思、恩格斯在创建无产阶级政党之初就明确指出：“必须绝对保持党的纪律，否则将一事无成。”

严明的纪律是党的最大优势和突出特色，也是党的光荣传统和优良作风。在革命、建设和改革的不同历史时期，党一直高度重视党的纪律建设，要求每一个党员都必须严守党的纪律，执行党的章程，在铁的纪律面前人人平等，不论职务高低都必须遵守党的纪律，党内不允许有凌驾于党的纪律之上的特殊党员。

党自建立以来，一直高度重视自身的纪律建设。早在建党之初，就开始了纪律建设。1920 年 9 月 16 日，蔡和森给毛泽东写信，探讨建立中国共产党，首次提出了“党的纪律为铁的纪律”的科学概念，信中说：“党的组织为极集权的组织，党的纪律为铁的纪律，必如此才能养成少数极觉悟极有组织的分子，适应战争时代及担负偌大的改造事业”。

1921 年，党的一大通过的《中国共产党纲领》虽然只有 15 条，但涉及纪律的就有好几条，占有相当大的比重和突出的位置。虽然

没有单设纪律一章，但强调了党的纪律。1922年，党的二大通过《中国共产党章程》，这是党第一个正式的党章，共六章二十九条。党章单列了“纪律”一章，规定党员要服从党的全国大会及中央执行委员会的决议、下级机关必须执行上级机关的命令等党的纪律。这在纪律建设上前进了一大步。七大以后的党章，写法有所改变，但是在“总纲”和“党的组织制度”中都强调了党的纪律。广大共产党员不论是在战争年代还是在建设时期，都严格地遵守和维护着党的纪律。

党的十一届中央委员会第五次全体会议通过的《关于党内政治生活的若干准则》，是对全体共产党员和党组织提出的最基本的纪律要求：坚持党的政治路线和思想路线；坚持集体领导，反对个人专断；维护党的集中统一，严格遵守党的纪律；坚持党性，杜绝派性；要讲真话，言行一致；发扬党内民主，正确对待不同意见；保障党员的权利不受侵犯；选举要充分体现选举人的意志；同错误倾向和坏人坏事作斗争；正确对待犯错误的同志；接受党和群众的监督，不准搞特权；努力学习，做到又红又专。

党的十六大以来，党中央先后颁布了《中国共产党党内监督条例》、《中国共产党纪律处分条例》和《中国共产党党员权利保障条例》等重要党内法规，要求广大党员特别是党员干部进一步增强纪律观念，自觉做到遵守党的纪律不动摇、执行党的纪律不走样。

无论是在战争年代还是在建设时期，广大共产党员都严格地遵守和维护着党的纪律。在硝烟弥漫的战争年代，广大共产党员用鲜血和生命遵守和维护党的纪律。如李大钊、蔡和森、彭湃、方志敏、瞿秋白、向警予、刘胡兰等无数革命者，他们坚信共产主义的信仰，严守共产党的纪律，战斗到生命的最后一刻。他们的革命精神深深植根于中华大地，激励着一代又一代中华儿女为共产主义崇高理想奋斗不息。

在热火朝天的建设年代，特别是在改革开放新的历史时期，在遵守和维护党的纪律方面，大多数党员做得是好的，涌现出许多模范人物，如焦裕禄、谷文昌、孔繁森、任长霞、牛玉儒、杨善洲等。他们是新时期共产党员的楷模，是广大党员干部学习的榜样。

可以说，在革命战争年代，党之所以能够团结带领人民迅速夺取全国政权，一个很重要的因素就是党有严明的纪律作保证。1936 年 6 月，美国记者埃德加·斯诺到延安第一次接触中国共产党人，就发现在他们身上有一种不可征服的精神力量，官兵平等、官民和谐，军民一家，特别是领导干部没有“官架子”，平易近人，没有特权，从穿戴上看不出来谁是官，谁是兵。当他看到共产党的干部“公马不骑多徒步，不要随从来照顾，携带几个冷馍馍，一天开会好几处”的景象后断言：中国的未来就掌握在他们手中，“共产党不可灭”。他说：“走向陕北，才看到一个真正的民族，才看到什么是真正的中华民族文化。”抗日战争结束后，国民党一度很强大，拥有 800 多万军队，但党纪军纪松弛，犹如一盘散沙。蒋介石到台湾以后总结失败教训，其中一条就是“共产党有纪律，国民党没纪律”。

当然，历史也留给我们一些反面教训。“文化大革命”时期，林彪、江青等人搞团团伙伙，结派营私，不少地方和部门则大闹派性，各行其是，成为党内政治生活的乱源。为此，在改革开放之初，党为了让党员干部守纪律、讲规矩，做了两件大事：一是重新设立中央纪律检查委员会，二是制定《关于党内政治生活的若干准则》。邓小平在开创新道路的过程中更是反复强调，党要团结和组织起来，“一靠理想，二靠纪律”。党正是靠这样的政治优势，走过了30多年不平凡的改革开放历程。

严明的纪律，促进和推动了党的思想、意志和行动的统一，维护和保证了党的有机整体，使党保持着强大的生命力和战斗力。实践充分证明，严明的纪律是党的政治优势，是不断从胜利走向胜利的可靠保证。在全面建设小康社会、加快推进社会主义现代化的新的历史阶段，更需要严明纪律，更需要各级党组织和全体党员干部严格遵守和维护党的纪律。

党要管党、从严治党，靠什么管，凭什么治？就要靠严明纪律。党已经拥有8600多万党员，在一个幅员辽阔、人口众多的发展中大国执政，如果没有铁的纪律，就没有党的团结统一，党的凝聚力和战斗力就会大大削弱，党的领导能力和执政能力就会大大削弱。在新的历史条件下，党要团结带领人民全面建成小康社会，同样要靠严明的纪律作保证。十八大报告强调要“加强党的纪律，自觉维护党的集中统一”。2013年1月，习近平在十八届中央纪委第二次全体会议上强调：“党面临的形势越复杂、肩负的任务越艰巨，就越要加强纪律建设，越要维护党的团结统一，确保全党统一意志、统一行动、步调一致前进。”党的各级组织要自觉担负起执行和维护党的纪律的责任，要敢抓敢管，使纪律真正成为带电的高压线。

二、对纪律心怀敬畏，自觉服从纪律约束

凡善怕者，必身有所正，言有所规，行有所止，偶有逾矩，亦不出大格。 ——[明]方孝孺

何为敬畏之心？从字面来说，“敬畏”是又敬重又畏惧。在《说文解字》里，“敬”字被解释为“肃也”，意思是要恭敬、端肃；《礼记·曲礼》注释为“在貌为恭，在心为敬”；《广雅·释诂二》解释“畏为惧也”。这说明，“敬畏”是人类对待事物的一种态度，是既敬重又畏惧。敬畏更侧重强调发自内心的敬重与自觉，不单单是畏惧。

康德在《实践理性批判》中写道：“有两样东西，越是经常而持久地对它们进行反复思索，它们就越是使心灵充满常新而日益增长的惊赞和敬畏：我头上的星空和我心中的道德法则。”这些无不告诉我们，敬畏之心是植根于人类天性和内心深处的道德情感，它对于个人的成长发展和整个社会道德价值秩序的维系都具有十分重要的作用。

古往今来，执政者都十分强调敬畏之心。我国古代就有“君子以恐慌修省”之良言；有“善怕者，必身有所正，言有所规，行有所止，偶有逾矩，亦不出大格”的名言；有“畏则不敢肆而德以成，无畏则从其所欲而及于祸”、“天下大事，成于惧而败于忽”、“有所畏者，其家必齐；无所畏者，必怠其睽”等告诫；有“畏法度者最快乐”之乐观；有“畏则不敢肆而德以成，无畏则从其所欲而及于祸”的劝解；

有“君子之心，常存敬畏”之习惯。

孔子也说过，君子有三畏：畏天命、畏大人、畏圣人之言，强调对天道人事要心存敬畏。这是古人敬畏的境界，意在告诫人们做人不可无法无天，“头上三尺有神明”，应“诸恶莫做，众善奉行”。古代开明的帝王深谙“民可载舟，亦可覆舟”、“天地之间，莫贵于民”、“如临深渊，如履薄冰”等道理，实际上就是强调要常怀敬畏之心。

可以说，中华文化中的“敬畏”思想已经薪火相传。清代廉吏于成龙，用“累千盈万，尽是朝廷正赋，倘有侵欺，谁替我披枷戴锁”来警醒自己。千百年前的先人们尚且能够从爱己、爱人、爱国和对自己负责、对百姓负责、对社会负责的高度敬畏“天道法纪”，何况新时代、新时期的我们呢？更应当心怀敬畏！一个人，立身处世，心存敬畏，就会“思有所思，行所当行，止所当止”，就会谦虚、谨慎、不骄、不躁，就会敬畏人民、敬畏历史、敬畏法纪、敬畏人生、敬畏自然与社会规律，从而严己于律，谨言慎行。一旦没有敬畏之心，天不怕、地不怕，胆大包天、为所欲为，就会越“雷池”、闯“红灯”、踩“底线”，于己于人、于家于国都可能带来可怕恶果。

古人云：“不自重者致辱，不自畏者招祸。”“天下之事，成于惧而败于忽。”“官有所畏，业有所成。”每个人特别是领导干部，要懂得敬畏，要有所“怕”才好。在新中国成立之初，任弼时就曾言有“三怕”：一怕工作少，二怕用钱多，三怕麻烦人。邓小平在1957年就深刻指出：“共产党员谨小慎微不好，胆子太大了也不好。一怕党，二怕群众，三怕民主党派。谨慎总是好一些。”他还认为：无论做官，还是普通公民，都要实实在在，实事求是，诚信为本。应该说，这些所谓的“怕”和“惧”、“老实”和“负责”集中体现在一点，就是一定有要敬畏之意。

“敬畏”之光，烛幽以明。心有所“敬”，行有所“循”；心有所“畏”，行有所“止”。这种敬畏之心就是，对真理的叩问存有“执着”，对人民的安危存有“忧患”，对历史的评判存有“警醒”，对法度的规则存有“畏惧”，对时代的创新存有“善意”，对信仰的追求存有“担当”。没有了敬畏，就没有了思想的标尺，也就没有了行动的准则。

敬畏，是因内心感到神圣而敬重和畏惧。一个健康而高尚的人，须臾不能没有敬畏之心。我们每个人活在世界上，确实需要对一些东西心怀敬畏，这样才能使我们有所戒惧、自我警醒，把好理想信念的“总闸门”，节制自己的言行和欲望。

纪律是一种重要的行为准则，只有对纪律怀有敬畏之心，才能自觉遵守纪律。敬畏纪律，就要从思想上认识到遵守纪律的重要性，增强自己对社会的义务感。同时，要自觉地遵守纪律，不论大事小事，凡是纪律要求做到的，就坚决去做；凡是纪律所禁止的，就坚决不做；在没有人监督和别人不知道的情况下，同样遵守纪律，养成遵守纪律的习惯，使遵守纪律成为我们的自觉行动。

党员干部心存敬畏，就会谦虚、谨慎、不骄、不躁，就会从严要求自己，慎言慎行；反之，一旦没有了敬畏之心，就敢罔顾党纪国法，把自己摆在“特权”位置，做一名“特殊党员”，就敢越“雷池”、闯“红灯”、踩“底线”，肆无忌惮、为所欲为。一些党员干部之所以跌倒在权力、金钱、美色等关隘上，就是因为失去了敬畏意识，心存侥幸，胆大妄为，最终一失足成千古恨，追悔莫及。

古人云："矩不正，不可为方；规不正，不可为圆。"人是生活在社会中的，社会活动是人的活动，每个人都有不同的性格和行为方式，如果没有一定的"法度"来规范、限制人们的行为，那么社会将陷入混乱。"畏法度者"在制度、规则的约束下，行得端，立得正，就不会怕"夜半鬼敲门"。

敬畏是一种从政态度，也是一种为人境界。人只有心存敬畏，才能有内心的庄严与自知。一个干部，如果缺乏敬畏感，就会轻视法纪，心存侥幸，放纵自我，就会违法违纪。要始终保持一种如临深渊、如履薄冰的紧张感，一种在职一天、赶考一天的危机感。只有时刻敬畏法纪，严守法纪，才能切实做到心有所畏、言有所戒、行有所止。

纪律是落实各项工作任务的保障，是规范，是秩序，是行为规则。对纪律心存敬畏是一种素质，是一种信念，也是一种修养。每个人都应当自觉遵守纪律，坚决维护纪律，从心里敬畏纪律。

敬畏纪律，是党员干部应有的政治素质。"法不阿贵，绳不挠曲"。党员干部要把纪律作为悬在头顶的"达摩克利斯之剑"，真正对纪律深怀敬畏之心，时时事事从制度原则出发，自觉把敬畏纪律融入到学习、工作、生活中，增强政治敏锐性和组织纪律性。纪律是执行决定、落实政策的重要保证。敬畏纪律，就要熟知纪律、把握纪律、运用纪律，自觉提高免疫力。组织的每个成员特别是领导者，要带头讲规矩，带头守纪律，带头作表率，坚决抵制诱惑，狠刹歪风邪气，真正做到令行禁止。

敬畏纪律，是党员干部应有的职业操守。敬畏纪律，就会对越轨之事不敢想、不敢干，胸中便会有定盘星，自觉维护公平正义。党员干部要始终用制度原则约束自己，用组织和人民利益的需求检阅自己，自觉做到对己清正、对人公正；要敢于担当、勇于任事，做到多担一份责任、多付出一份努力，在推动事业发展中提升自己；要恪尽职守，把纪律作为言行指南，对违反纪律、违反原则的事，敢于说不、勇于碰硬，坚持原则不动摇、执行标准不走样、履行程序不变通，坚决维护纪律的严肃性和权威性。

敬畏纪律，才能自觉地服从纪律。服从组织，遵守纪律，是党纪和法律规定的义务，每个党员干部都应当履行这一义务，这是不容讨论、不容讨价还价的。在严明的纪律面前，服从并不只是态度问题，在一定程度上它反映了一个人政治观念和组织观念的强弱。对党组织和党员干部来说，“少数服从多数，个人服从组织，下级服从上级，全党服从中央”，是《党章》的规定，这既是组织纪律，更是政治纪律。党员干部要自觉增强服从意识，时刻把党性原则摆在第一位，时刻把服从组织原则、执行组织决定作为第一准则，不折不扣地贯彻好，执行好党的各项纪律和规矩。

敬畏纪律，才能用纪律约束自己。能够自我约束是一个人成熟的标志之一。一个人到了成年的时候，依然不能“管束自己”，就很可能会违法乱纪。因此，在日常生活中我们要正确认识自由与约束的关系，严格自我要求，养成较强的纪律观念和良好的行为习惯。人们在集体行动时守纪意识比较强，遵守纪律容易些，而单独执行任务就不一样，周围没有领导和同事的监督，完全靠自己约束自己，更需要增强守纪的自觉性，发扬“慎独”精神，坚持“每日三省吾身”，一遍一遍地检查自己做得不好、做得不够的地方，确保经常用纪律约束自己，做到有没有人监督一个样。

三、严守党的政治规矩，做政治上的明白人

党内规矩有的有明文规定，有的没有，但作为一个党的干部特别是高级干部应该懂的。——习近平

所谓规矩，是指一定的标准、法则、习惯，或合乎标准及常理，是人们应该遵守的办事规程和行为准则。对广大党员干部来讲，规矩既包括党纪国法、规章制度，又包括道德规范、标准礼仪，也包括党在长期实践中形成的优良传统和工作惯例。

人不以规矩则废，党不以规矩则乱。自古以来，规矩就是一种约束，一种准则，更是一种责任，一种境界。守纪律、讲规矩是对党员、干部讲党性的重要考验，更是对党员、干部对党忠诚度的重要检验。对于一个党员，规矩是为官谋事的高压线；对于一个政党，规矩则是立党兴党的生命线。

“世间事，作于细，成于严”，严守规矩是共产党人的政治基因。守纪律、讲规矩是党的优良传统。从党的一大纲领定下管党治党的初步框架，到党的六届六中全会明确提出“四个服从”基本原则；从“加强纪律性，革命无不胜”的提出，到西柏坡“进京赶考”前定下的“六条规矩”；从关于党内政治生活十二条准则的确立，到党的十八大以后“八项规定”等一系列新规矩的出台，党纪党规不断健全，刚性约束不断强化，党的凝聚力战斗力不断提升，为党的事业不断从胜利走向新的胜利提供了可靠保证。

1981年，时任中纪委常务书记的黄克诚在《人民日报》刊发《关于党风问题》，文中讲了这样一个感人的故事：抗战时期，毛泽东主席就用个电台指挥工作，“嘀嗒、嘀嗒”就是毛主席和党中央的声音，全党全军同志都无条件地执行。没有什么人怀疑或质疑，大家都自觉地执行延安的“嘀嗒、嘀嗒”。一个细节，折射出老一辈革命家守纪律、守规矩的风范，也体现出党讲政治、讲规矩的优良传统。黄克诚讲的延安时期“嘀嗒、嘀嗒”的故事，就是优良传统中的党内规矩，就是党从胜利走向胜利的重要法宝。

不可否认，如今，在一些干部和党组织那里，依然存在对政治纪律不以为然、把政治规矩不当回事的误区。“纪纲一废，何事不生？”事实证明，思想上放松了政治纪律和政治规矩这根弦，言行上就会弊端丛生。为了所谓的“仕途”，搞团团伙伙、拉帮结派的有之，搞匿名诬告、制造谣言的有之；为了所谓的“羽毛”，搞自行其是、阳奉阴违的有之，搞东西摇摆、左右逢迎的有之；甚至为了所谓的“美誉度”，口无遮拦、毫无顾忌，什么共识都敢挑战、什么底线都敢触碰，全然没有一个共产党人的起码觉悟和规矩。

“不矜细行，终累大德”，不守规矩特别是不守政治规矩是最大的危险。针眼大的窟窿能透进斗大的风。政治问题和贪污腐败、违反党纪和触犯国法，其实是一条藤上的两个瓜，往往是相伴而生的。不懂规矩、不守纪律，长此下去就会言行失当、失范、失控、失节。吃吃喝喝里面有名堂，勾勾搭搭背后有猫腻，搞拉帮结派、收买人心这些事，没有物质手段能做到吗？反过来，如果动了贪腐心思、存在腐败行为，就会想方设法搭“过墙梯”、寻“安全通道”、找“保护伞”，就会去搞团团伙伙、帮帮派派，就会无视和破坏党的规矩。

2013 年 7 月，习近平来到西柏坡，在这个立规矩的地方，面对当年毛泽东提议的“六条规矩”久久驻足，一一对照。今天，面临“四大考验”“四种危险”，党更需要让守纪律、讲规矩成为自觉和常态。只有这样，党才会更有凝聚力和战斗力，才能成为一个万众归心、坚强有力的大党，才会有更坚实的执政基础。

懂规矩才会有定力，守规矩才会不乱方寸。衡量一个党员干部合不合格，懂规矩、守规矩是一条重要标准。每一个党员干部必须自觉遵守党的规矩，没有人有资格搞特殊、当例外。对领导干部来说，要紧绷规矩这根弦，任何时候、任何情况下都要心有所畏、言有所戒、行有所止，不越界、不越轨、不越底线，始终做政治上的“明白人”。

风成于上，俗化于下。讲规矩要蔚然成风，领导干部带头是关键。孔子说，“政者，正也”，“其身正，不令而行；其身不正，虽令不从”。毛泽东曾经指出，只要党的作风好了，全国人民就会跟我们学，就能影响全民族。翻阅党的历史不难发现，正是众多的共产党人特别是领导干部以身作则守纪律、讲规矩，才使得党团结统一，更具凝聚力战斗力；才使党得到人民认可、受到人民拥戴。毛泽东曾提议立下不做寿、不送礼等“六不”规矩，刘少奇从不让公车接送孩子上学，周恩来把“遵守纪律”作为自己的一条重要修养要则，朱德教育党员干部时也一再强调，党内不能有特殊的党员，“这是规矩”。守规矩是党一贯的优良传统，广大党员干部特别是领导干部要切实提高对党的规矩的认识，努力作守规矩的表率。

守规矩先要懂规矩。党的纪律和规矩内涵丰富、体系严密，既包括党章这个全党必须遵循的总规矩，也包括党的政治纪律、组织纪律、工作纪律和生活纪律等刚性约束，还包括国家法律法规、党在长期实践中形成的优良传统和工作惯例。纪律是成文的规矩，一些未明文列入纪律的规矩是不成文的纪律；纪律是刚性的规矩，一些未明文列入纪律的规矩是自我约束的纪律。党员干部只有加强对纪律和规矩的学习，准确理解、全面把握其科学内涵和精神实质，明白哪些事能做、哪些事不能做，哪些事该这样做、哪些事该那样做，做到心中有数，才能增强守纪律、讲规矩的自觉性和坚定性。懂规矩，还要把握好自己的位置，清楚自己的职责，工作上尽职尽责，到位不越位，在位不错位，做到知晓规矩、遵守规矩、维护规矩。

守规矩关键要看行动。看一个党员干部是不是遵守了党的纪律和规矩，唯一的标尺就是行动和实践。党员干部要用实践这面镜子认真照一照自己，看看自己在行动上是否真正守住了纪律和规矩。特别是在严格遵守政治纪律和政治规矩上是否做到了习近平强调的“五个必须”，即必须维护党中央权威，在任何时候任何情况下都必须在思想上政治上行动上同党中央保持高度一致；必须维护党的团结，坚持五湖四海，团结一切忠实于党的同志；必须遵循组织程序，重大问题该请示的请示，该汇报的汇报，不允许超越权限办事；必须服从组织决定，决不允许搞非组织活动，不得违背组织决定；必须管好亲属和身边工作人员，不得默许他们利用特殊身份谋取非法利益。要抱着对党、对人民、对家庭、对自己高度负责的态度，始终保持一种清醒、一份冷静、一种定力，抗得住诱惑、耐得住寂寞、管得住小节，做到人前人后一个样，确保自己所作所为永在遵纪守规之中，做一名懂规矩、守纪律的人民好公仆。

守规矩，还要坚决维护党的规矩。这些年来，有的党员干部为私心所扰、人情所困、关系所累、利益所惑，“自我保护”意识严重，对一些违反党纪党规的人和事“事不关己，高高挂起”，甚至听之任之。这是党性不强、对党忠诚度不高的表现，不利于党的事业发展。作为党员干部特别是领导干部，一定要强化责任意识，在党言党、在党忧党、在党为党，遇到违反党的纪律和规矩的行为，必须挺身而出，与之进行坚决斗争，维护党的纪律和规矩的威严。如此，守纪律、讲规矩才能蔚然成风，党和人民的各项事业发展才更有保证。

四、严格遵守党的纪律，首先要严明政治纪律

政治纪律是最重要、最根本、最关键的纪律，遵守党的政治纪律是遵守党的全部纪律的重要基础。——习近平

党的政治纪律，是党根据不同历史时期政治任务的要求，对各级党组织和党员的政治活动和政治行为确定的基本规范，是各级党组织和党员在政治生活中必须遵循的行为准则。

政治纪律是最重要的纪律。党的纪律是多方面的，政治纪律是党的纪律中最重要、最根本、最关键的纪律，在整个纪律体系中起着主导作用，遵守党的政治纪律是遵守党的全部纪律的重要基础。

首先，严格遵守和执行党的政治纪律，是遵守和执行党的全部纪律的基础。只有政治纪律严明，才能维护党的团结统一，使全党成为一个有机整体，形成强大的凝聚力和战斗力，推动党的事业蓬勃发展。如果政治纪律松弛，党的组织纪律、经济工作纪律、群众工作纪律就

会失去政治基础。长此以往，党就会变得松松垮垮，变成一盘散沙，甚至蜕化变质。对此必须保持清醒头脑和高度警惕。

其次，严格遵守和执行党的政治纪律，是坚持党的政治原则和政治方向的前提，是坚持党的指导思想和党的性质、宗旨，保持党的先进性和纯洁性，维护党的团结统一，完成党的任务的重要保证。党是按照民主集中制原则组织起来的马克思主义政党，具有自己的政治路线、政治纲领和奋斗目标。要使广大党员干部始终坚持党的政治原则和政治方向，就必须严明政治纪律。

再次，严格遵守和执行党的政治纪律，是提高党的领导水平和执政水平、增强拒腐防变和抵御风险能力的关键。事实证明，一些党员领导干部走上违纪违法道路，一个根本原因是政治信念发生了动摇、政治行为出现了偏差。严明党的政治纪律，不仅有利于加强党风廉政建设，也有利于党应对各种可能发生的风险，提高执政水平，巩固执政地位。

现代政党是为了共同的政治目标而组成的政治组织，必须有政治上的规矩来维护本党目标的实现。一个政党如果没有政治纪律约束，允许党的组织和党的重要干部在政治主张、政策主张上各有一套、我行我素，允许广大党员在政治上行动上与党离心离德、为所欲为，就是一群乌合之众，就会很快分崩离析。如果党的政治纪律成为摆设，就会形成“破窗效应”，使党的章程、原则、制度、部署丧失严肃性和权威性，党就会沦为各取所需、自行其是的“私人俱乐部”，就会失去号召力、影响力和战斗力，党的政治理想和政治目标也就无从谈起。

现在，党的绝大多数党组织和党员干部按照中央的要求，严格遵守政治纪律，总的情况是好的。同时也必须看到，在新的环境和条件下，有些党员、干部包括有的领导干部的政治纪律意识有所放松，遵守和执行政治纪律的意识有所淡化，在一些地方和部门还不同程度地存在违反政治纪律的现象：有的无视民主集中制原则，在领导班子内部专横霸道，搞“一言堂”；有的对中央有关规定和指示置若罔闻，我行我素；有的公然歪曲党的历史、否定党的政治原则、诋毁党的领袖和党的优良传统；有的哗众取宠，口无遮拦当大嘴巴，利用网络等现代信息技术散布违反马克思主义的错误观点；等等。这些违反政治纪律的言论和行为，尽管发生在少数党员、干部身上，但在党内和社会上的影响是恶劣的，给党的事业造成的损害是严重的。因此，必须引起高度重视，在全党进一步严明政治纪律，不断提高党的各级组织和全体党员遵守和执行政治纪律的自觉性和坚定性。

一要始终同党中央保持高度一致，自觉维护中央权威。讲政治纪律，首要的一条就是坚持党的基本理论、基本路线、基本纲领、基本经验不动摇，在思想上、行动上同党中央保持高度一致，保证中央的政令畅通。要按照民主集中制原则，党员对于党的决定有不同意见，可以向党的上级组织直至中央提出，也可以保留，但必须在行动上服从，决不允许公开发表同中央的决定相反的言论。要牢固树立大局观和全局意识，正确处理保证中央政令畅通与立足实际创造性开展工作的关系，坚决防止与克服地方和部门保护主义、本位主义，决不允许“上有政策、下有对策”，决不允许有令不行、有禁不止，决不允许在贯彻执行中央决策部署上打折扣、做选择、搞变通；遇到重大问题必须请示报告，决不允许“先斩后奏”或“斩而不奏”。每个党员都要加强组织观念，在政治上务必光明磊落、言行一致。

二要坚决维护政治纪律的严肃性。党员必须自觉接受党的政治纪律的约束，决不允许在群众中散布违背党的理论和路线方针政策的意见，决不允许公开发表同中央的决定相违背的言论，决不允许对中央的决策部署阳奉阴违，决不允许编造、传播政治谣言及丑化党和国家形象的言论，决不允许以任何形式泄露党和国家的秘密，决不允许参与各种非法组织和非法活动。对大是大非问题要有坚定立场，对背离党性的言行要有鲜明态度，不能听之任之、置身事外。发现触犯政治纪律的苗头性倾向性问题要及时提醒和纠正，对违反政治纪律的行为要坚决制止。

三要切实履行维护政治纪律的职责。党的各级组织要坚持"党要管党"、"从严治党"的方针，自觉担负起执行和维护党的政治纪律的责任，切实加强对职责范围内维护党的政治纪律工作的领导，从总体上了解把握本地区本部门维护党的政治纪律的工作情况，结合实际创造性地开展工作；加强对党员遵守政治纪律的教育，把遵守党的政治纪律教育纳入各级党员、干部教育的整体规划，进一步强化党员、干部遵守政治纪律的意识；要把遵守党的政治纪律的情况列为对各级党政领导班子和领导干部落实党风廉政建设责任制检查考核和巡视的重要内容，将维护政治纪律各项工作任务分解到各职能部门，明确责任部门和责任人，形成一级抓一级、层层抓落实的工作局面。每个党员领导干部特别是各地区、各部门、各单位主要负责人要自觉作好表率，既要以身作则、率先垂范，主动维护政治纪律，又要坚持原则、敢抓敢管，坚决同一切违反政治纪律的行为作斗争，坚决维护纪律的严肃性和权威性。

五、纪律面前人人平等，守纪律不准搞特殊

要严格党的纪律，坚持党纪面前党员人人平等，对党内一切消极腐败现象认真查处、严肃执纪，不允许有不受纪律约束的特殊党员存在。

——习近平

严格遵守党的纪律，必须坚持党员在党纪面前人人平等的原则。

党的纪律面前人人平等有三层含义：首先，在遵纪方面，任何党员，不论党龄长短、职务高低、功劳大小，都必须平等地遵守党的纪律，平等地享有党的纪律规定的党员权利，也平等地承担纪律规定的党员义务。没有任何党员可以例外，对党的领导干部也是如此。如果党的纪律只管一部分人，管不了另一部分人，那就破坏了纪律的统一性和严肃性。其次，在维权方面，凡是共产党员依照党的纪律的规定应当享有的党员权利，都平等地受到党的纪律的维护和保障。任何人都无权侵犯党员应有的民主权利。再次，在执行方面，任何共产党员如果违反了党的纪律，都必须平等地受到党的纪律的追究，对普通党员如此，对党的领导干部也是如此。在执行纪律的时候，坚持这一原则，其本身就是严肃党纪的表现，同时它又对巩固党的纪律产生深刻的影响。

党的纪律面前人人平等就是说任何中共党员，不论其民族、性别、职业、教育程度、家庭出身、社会地位、财产状况的差别，也不论其党内职务高低、党龄长短、功劳大小，都平等享有党的纪律规定的权

利和必须履行党的纪律所规定的义务，一旦违反了党的纪律，在适用党纪处分时都一律平等，绝无例外。坚持党的纪律面前人人平等具有不可或缺的重要意义。

有纪律，就要执行，不然，就是纸上谈兵，毫无意义。而执行纪律除了严格以外，还必须做到纪律面前人人平等，否则就无法执行下去。所谓纪律面前人人平等，就是说任何一个党员都必须遵守党的纪律。党内决不允许存在不受纪律约束和凌驾于党组织之上的特殊党员。毛泽东多年在党内担任重要领导职务，然而，他坚决地维护和执行党的纪律，不分亲疏，坚持纪律面前人人平等。

在长征途中，贺子珍的弟弟贺敏仁违反纪律，擅自进入喇嘛庙拿了藏民的铜板，后被报告拿了藏民的银元。师部得到报告后执行纪律枪毙了他。贺子珍得知弟弟被枪毙的消息后深感震惊。为了不影响毛泽东工作，等红军到达了延安后她才把情况告诉了毛泽东。毛泽东听后沉默不语。过了许久，他说："红军就应该有铁的纪律，我们应该用红军铁的纪律来要求自己的亲人！"

制度约束没有例外，纪律面前没有特权。坚持在纪律面前人人平等，是党纪严密的重要内容，也是严肃党纪的一个重要原则。

在党的纪律面前，所有党员干部一律平等。然而，现实生活中，仍有少数党员干部封建思想犹存，着迷于"权大于法"，我行我素，有权任性，有令不行，有禁不止；有的在处理违纪者时，亲疏有别，宽严失度，往往对领导干部宽，对普通党员严；对有"背景"的人宽，对无"背景"的人严；有些领域宽，有些领域严，失去了党的纪律的公正性。长此以往，既挫伤了遵纪守法的党员的积极性，又引来上行下效，党纪得不到较好的贯彻落实，成为一纸空文，甚至滋长了贪污腐败现象。

在纪律面前人人平等，是由党的民主性质决定的。工人阶级政党的本质属性决定了党的成员在政治上一律平等，决定了党的纪律是真正平等的纪律、统一的纪律。党的成员不论职位高低、资历长短、功劳大小，在党的纪律面前一律是平等的。党内不允许任何人有超越纪律之上的特权，党内任何人、任何组织违反了纪律都必须受到追究。每一个党员，在党内不论职位高低，都是同志，都是人民的勤务员，地位是完全平等的。党员在党内的平等地位，决定和要求实行党员在党的纪律面前一律平等的原则。如果党的纪律只对一部分党员有约束力，而对另一部分党员没有约束力，就背离了党的性质、党的纲领和章程，破坏了党内同志之间地位一律平等这一无产阶级的政治原则。实行党员在党的纪律面前人人平等的原则，是从严治党、端正党风的必要条件。

严明的纪律是针对全体党员的。党的纪律不仅对普通党员有约束，对党员干部更要有约束，甚至在某种程度上越是党的高级别干部越要对其实行更严格的纪律约束，否则将难以服众。

坚持纪律面前人人平等，最根本的是要摒弃特权思想。

纪律是要求大家共同遵守的办事规程或行动准则。它具有普遍的约束性，要求对所有相关人员一视同仁、“一碗水端平”。特权就是在法律、制度规定之外的特殊权利。特权人物可以不受法律和制度的约束，享有普通人无法享有的权利。制度的普遍性、公平性要求与特权的特殊性、不平等性形成巨大矛盾。

特权使纪律形同虚设。纪律有没有威力、能不能让人敬畏，关键在于能不能对每一个当事人都具有相等的效力、相同的威力。而特权人物游离于制度之外、凌驾于纪律之上，这就严重破坏了纪律的严肃性、权威性和公正性。如此一来，纪律的效力就会大打折扣，甚至成为一纸空文。制度是由人来设计的，也要由人来执行和遵守；如果制度不被执行和遵守，再好的制度也形同虚设。

特权使制度畸形变质。翻开我国的古代史不难发现，有关律、令、诰等林林总总、浩如烟海，不可谓不多。同时，其中也有“刑不上大夫”的规定，还有“为尊者讳”的观念。这就导致在许多时候，特权阶层和特权人物凭借手中的权力，玩弄制度于股掌之上，想让制度管用就管用，想让制度管谁就管谁，利益全归自己，义务全由百姓承担。这样的制度势必畸形变质，沦为特权者贪污腐败的工具。

2014 年 10 月 8 日，习近平同志在党的群众路线教育实践活动总结大会上强调：“纪律面前一律平等，党内不允许有不受纪律约束的特殊党员。党的各级组织要积极探索纪律教育经常化、制度化的途径，多做提提领子、扯扯袖子的工作，使党员、干部真正懂得，党的纪律是全党必须遵守的行为准则，严格遵守和坚决维护纪律是做合格党员、干部的基本条件。”

加强纪律建设，必须树立制度面前没有特权的意识。应当认识到，特权意识和特权行为的存在有一定的历史根源和现实基础，破除起来绝非一朝一夕之功。各级党员干部更应当从党和国家生死存亡的高度来看待特权意识的危害性，强化忧患意识、责任意识、自律意识，带头破除特权意识，解放思想，转变观念，放下“架子”，少些“自我”，人人都把自己当作一名普通“员工”，保持平常心，从内心深处认真对待制度，带头遵守制度，才能体现出制度执行上的平等性、公正性和严肃性，切实维护制度的权威性和公信力。

党员干部要牢固树立“规矩面前没有特权、纪律约束没有例外”的意识，珍视手中权力，依法依规用权；须时刻以如临深渊、如履薄冰的心态来行事用权，做到防微杜渐。凡规矩纪律要求不能做的，就坚决不做，不打“擦边球”。

纪律面前一律平等，不仅要在思想上树立平等观，更要在执行落实上一律平等。党的十八大以来，随着一大批如薄熙来、周永康等高官的落马，再次说明：党纪国法面前无特殊党员、特殊公民，谁触犯了党纪、触犯了国法就必然“享受”其行为的后果。人人平等，是树立和执行党纪威信之所在。从普通党员到领导干部，只要违反纪律就要受追究；无论“小吃小喝”、小错误、小违法，还是大贪、巨恶，只要违反纪律同样不放过。坚持了这个原则，相信党的威信、党的执政地位、党员的形象在人民群众心目中必定会更加强化。

党内不允许存在不受纪律约束和凌驾于党组织之上的特殊党员。任何党员，不能因为是一个普通党员就放松对自己的纪律要求，更不能因为是一个位高权重的领导干部就拒绝接受纪律约束。只要是党员，在遵守党纪方面就是平等的、一致的。在遵守党纪上没有“特区”，也没有“敏感区”，更没有“禁区”。随着党员干部职务的升迁、权力的增大，其在遵守党的纪律方面更应主动自觉、真心诚意。领导干部理应成为一般党员和人民群众的榜样，位置越高越要严格遵守党的纪律，坚持从自身做起，树立平等的纪律观念，发挥示范作用，带动全体党员严格遵守纪律。

六、坚持以上率下，领导干部要起表率作用

遵守纪律的风气的培养，只有领导者本身在这方面以身作则才能收到成效。——马卡连柯

严格遵守纪律，需要发挥领导干部以身作则的表率作用。俗话说：“火车跑得快，全靠车头带”。领导干部作为首要执行者，能否率先垂范、带头执行纪律，既是检验纪律执行力的“试金石”，也是提高纪律执行力的关键点。

列宁说过，“一个行动胜过一打文件”。俗话说，行动是无声的命令，榜样的力量是无穷的，说一千道一万，不如亲自干一干。然而，“破规矩的往往是立规矩的”。各级领导干部往往都是研究制定规章制度的领导者、指导者、决策者、拍板者，但有的领导干部却又常常成为规章制度的超脱者、逾越者、违反者甚至破坏者，成为法纪制度面前的特殊人，把制度当作手电筒，只照别人不照自己，使严肃的法律法规、纪律准则失去公信力、约束力和执行力。

有的领导干部对易循的制度执行得紧，对难循的制度执行得松；有的总是变着法子执行制度，常常借“集体研究”和“民主决策”之名“集体闯红灯”，通过合法的程序和途径，将“不合法”的行为披上“合法”的外衣；有的领导干部言在法中，行在法外，平时也强调制度建设，也抓贯彻落实，但常常将自己游离于制度之外，凌驾于制度之上；有的领导干部认为上级旨意、领导讲话大于法规制度，在实

际工作中总是一把手的批示、指示、批条、指令等最重要、最权威、最管用，凡事只要领导发了话，有了领导的条子，就有了尚方宝剑，就能一路“绿灯”，畅通无阻，甚至天马行空，为所欲为。

有的领导干部如此“作践”制度，上行而下效，想让一般干部群众尊重、遵守制度也就难乎其难了。试想，一名领导干部天天迟到，又岂能理直气壮地批评偶尔迟到的职工呢？职工又怎能心服口服呢？同时，领导干部在纪律面前要特权、搞例外，不仅会使制度失灵、失效，带坏单位风气，更会伤害自己。

制度失效，有令不行、有禁不止，是纪律建设的大忌。制度发挥效用的前提是制度必须有生命力。作为领导干部，不能游离于规章制度之外，必须在制度建设上做表率，带头学习制度、严格执行制度、自觉维护制度，真正让制度“硬”起来、“动”起来、“活”起来。律己足以服人，身先足以率人。一个部门、一家单位，领导干部带头遵守执行纪律，人人崇尚纪律、个个服从纪律的良好氛围自然不难形成。

严明党的纪律，关键要发挥领导干部的表率作用。领导干部的示范具有鲜明的引领、导向作用。风成于上，俗化于下。中国的事情，向来是上行则下效。在我们党内，领导干部以身作则、以上率下既是长期以来形成的优良传统，也是基本的工作方法。守纪律、讲规矩就要从各级领导干部做起。领导干部要提高对党的纪律和规矩的认识，不仅要带头守纪律，更要带头讲规矩，坚持从我做起，向我看齐，按规矩办事、按规矩用权，切实树立标杆、作出表率。

认真学习党的纪律，增强纪律观念。党员干部增强纪律观念，是加强党的纪律建设的基本环节，而关键的问题是要正确认识党的纪律的重要性。是否遵守党的纪律，是检验党员党性强弱的重要标志之一。

一个没有党的纪律观念，一个不把党的纪律放在眼里的人，不可能是合格的党员，也不可能是合格的领导干部。在新的历史条件下，党的纪律观念在一部分党员干部包括某些领导干部中有所淡漠，甚至陷入误区。有的把深化改革与严明党纪对立起来，认为党的纪律是束缚生产力发展的“条条框框”，应当“冲破”，可以“变通”，提出经济要搞活、纪律要“松绑”；有的只要一讲严肃纪律，就被别人说是“左”的表现，是“整人”；等等。这些模糊认识和错误思想，正是近些年来一些地方和单位纪律松弛的根源所在，也是加强党员纪律修养的思想障碍，必须坚决予以清除。领导干部要做遵守纪律的模范，必须从加强纪律观念、树立纪律观念做起，为自觉维护和遵守党的纪律打下良好的思想基础。

以党纪为准绳，严格要求自己。领导干部职位越高、权力越大，越要对党忠诚、对党的纪律和规矩心怀敬畏戒惧。党的观念、组织观念淡薄，对纪律熟视无睹，不按规矩办事，终将自食其果，搬起石头砸自己的脚。领导干部要树立制度面前人人平等、制度面前没有特权、制度约束没有例外的意识，领导干部要做遵守纪律的模范，仅仅具有觉悟是不够的，更重要的是要身体力行，体现在日常言行中，养成自觉遵纪守法的习惯，特别是要有“怕”的意识。这里所说的“怕”，不是胆小怕事，而是要求共产党员特别是领导干部，对党的纪律、对国家法律法规要从心底里敬畏，并用这种“怕”约束自己，在遇到可能违犯党纪政纪的时候，要有如履薄冰、如临深渊的警惕。由此可见，这种“怕”，不是谨小慎微，而是政治上坚定和成熟的表现。现实生活中，一些党员特别是一些领导干部，颇有些“天老大，我老二”的架势，什么党纪、国法、制度等，全不放在眼里，任凭自己的欲望恶性膨胀，最终跌进了深渊，其教训不可谓不深刻。在改革开放新的历史条件下，党员干部要时常要面对金钱、名利、美色等种种诱惑，稍有不慎就有可能成为诱惑的俘虏。因此，领导干部必须警钟长鸣，时时做到慎独、慎微、慎欲，在纪律面前不越雷池半步。只有在日常生活中经常用党的纪律要求自己，才能防微杜渐，真正成为一个遵守纪律的模范。

重言传更重身教，发挥好表率作用。凡事重视领导干部的表率作用是我们党的一个优良传统，在遵守党的纪律方面同样如此。我们党的纪律有个鲜明的特征，就是它的平等性。所有党员不论职务高低，都应平等地接受党纪国法的约束和监督，党内绝不允许有不受纪律约束的“个体户”。严格地遵守党的纪律是每一个共产党员的义务，党员领导干部也不例外，谁违犯了，就会受到党纪制裁。现实生活中，确有少数党员领导干部无视党的纪律，要求别人做的，他自己偏偏不做；要求别人不要做的，他自己做得挺来劲儿。这样的行径，对党的纪律建设具有极大的杀伤力。所以，领导干部应当严格要求自己，要求党员干部做到的，领导干部必须首先做到；要求下级做到的，上级必须首先做到；要求别人做到的，自己必须首先做到；要求别人不做的，自己坚决不做，切实做到行动先于一般干部，标准高于一般干部，要求严于一般干部，以高尚的人格力量和模范行为凝聚干部、感召群众。要增强主动接受监督的自觉性，正确对待组织的管控约束，自觉把个人置于组织的监督之中，使权力的运行始终处于制度的规范和约束之下；正确对待同志的批评提醒，善于用苦口良药防“毒”治“病”；正确对待群众的监督警示，把对人民负责与对党负责一致起来，在遵守纪律、执行纪律中以身作则，做好表率，以自己的实际行动带头维护党的纪律。

既要洁身自好，又要敢于斗争。在现实生活中我们看到，有些党员虽然对党内不良现象心存不满，但缺乏坚持原则和敢于斗争的勇气。有些领导干部满足于洁身自好，觉得只要自己遵纪守法就行了，别人的行为好坏与己无关；个别领导干部对违纪现象麻木不仁，甚至包着、护着……这些现象，不仅影响了党的纪律的严肃性，而且容易给不正之风以滋生蔓延的机会。如果对违法乱纪的行为不能大声说“不”，那党纪的尊严和权威就无法得到保证。因此，每个党员干部都要站在党性立场上对待这个问题，不仅自己要做遵纪守法的模范，还必须坚持原则、敢抓敢管，维护纪律的严肃性和权威性，坚决同一切违反纪律的现象作斗争。对有令不行、有禁不止、随意变通、恶意规避等严重破坏纪律的行为，要发现一起查处一起，绝不姑息迁就；要坚持首尾一致，不能虎头蛇尾；要坚持雷厉风行，防止拖拖拉拉、推诿扯皮、敷衍应付，防止避重就轻、大事化小、小事化了；要力戒形式主义、官僚主义、享乐主义和奢靡之风，以扎实的作风推动制度有效落实，努力营造敬畏纪律、服从纪律、维护纪律的良好氛围。只有这样，一级带一级、一级抓一级，做出榜样，干出成效，才能形成自觉遵守和维护纪律的良好风气。

第七章

打造过硬的作风

党的作风，就是一个政党及其党员的作风，是党的组织和党员在思想、政治、工作、学习等方面的一贯态度和行为，是党的世界观和党的性质在党的组织和党员个人行动中的表现。改进作风的核心要求是密切党群关系。形成优良作风不可能一劳永逸，克服不良作风也不可能一蹴而就，党的作风建设永远在路上。改进作风，贵在坚持，难在坚持，成效出在坚持。只有长期坚持、真正落实，才能把好作风内化为信念、外化为习惯、固化为制度，以优良的党风政风取信于民，汇聚起推动改革发展的强大正能量。

一、好干部当有好作风，知行合一改作风

工作作风上的问题绝对不是小事，如果不坚决纠正不良风气，任其发展下去，就会像一座无形的墙把我们党和人民群众隔开，我们党就会失去根基、失去血脉、失去力量。

——习近平

干部作风是党风的一面镜子，直接关系我们党在人民群众心目中的形象和地位，关系党的事业兴衰成败。干部的作风关系人心向背，从根本上讲是因为作风问题直接反映着党同人民群众的关系。作风的好坏决定着人心向背，而人心向背又决定着一个政党的生死存亡。

作风是无形的力量，能够发挥出难以估量的巨大社会作用。因此，我们党在革命、建设和改革的各个时期都十分重视作风建设。好的作风，能够密切党同人民群众的关系，使党立于不败之地；能够使科学理论同实际情况正确结合，推动党的事业健康发展；能够使党不断克服自己身上的缺点和错误，始终保持纯洁性和先进性。我们党之所以长期执政受拥护、千锤百炼更坚强，作风好是一个重要原因。

干部作风体现干部的党性修养、道德情操、精神境界。优良的作风不是外部赋予的，而是内在思想观念、品格情操的自然流露。在长期的革命、建设和改革过程中，我们党严于律己，千锤百炼，逐步形成了理论联系实际、密切联系群众、批评与自我批评以及谦虚谨慎、不骄不躁、艰苦奋斗、求真务实、勤政廉洁等优良作风。这些好的作

风是党的性质、宗旨的重要体现，是党的战斗力、凝聚力和创造力的重要基础，是党克服困难、走向胜利的重要保证。

新世纪新阶段，我们面临的发展机遇前所未有，面对的挑战也前所未有。我们党面临着长期执政、改革开放、市场经济和外部环境的考验，存在着精神懈怠、能力不足、脱离群众、消极腐败的危险。要迎接好挑战、经受住考验，把我们的事业不断推向前进，一个重要前提就是必须始终保持良好的作风。正是基于强烈的忧患意识和责任意识，新一届党中央在十八大刚刚结束之后，就提出了“改进工作作风，密切联系群众”的八项规定，接着又向全党全社会发出了厉行勤俭节约、反对铺张浪费的号召。这充分显示了新一届党中央从严治党的决心和改进作风的力度，也显示了我们党对人民群众意愿的尊重和回应，得到了人民群众的广泛关注和高度赞扬。

面对党中央的新要求和人民群众的新期待，每位党员干部都要更加深刻认识树立良好作风的极端重要性，严格按照中央的有关规定，从自身做起，从点滴做起，为端正党风政风、改善社会风气做出积极努力。

改进作风，最根本的是要坚持和发扬艰苦奋斗精神。艰苦奋斗，就其本质意义上讲，是一种迎难而上、坚忍不拔、克勤克俭、顽强拼搏、不怕牺牲、不达目的誓不罢休的精神风貌。这种精神什么时候也不会过时。习近平同志强调，“抓改进工作作风，各项工作都很重要，但最根本的是要坚持和发扬艰苦奋斗精神”。这是事关党和人民事业兴衰成败的大事。在新形势下提倡艰苦奋斗，不是叫人们去重复过去的穷日子，而是要把传统和现实结合起来，坚持艰苦奋斗的思想境界和精神追求。

要不断开拓进取，努力打开工作新局面。艰苦奋斗，核心是奋斗，包含着开拓、创新。只有解放思想、实事求是，才能摆脱陈旧的传统观念和思维定式的束缚，创立适合实际的思想方法和工作态度；也只有积极探索，敢为天下先，才能创造新业绩，艰苦奋斗精神也才能转化为创业的物质力量。要自觉摒弃患得患失守摊子的思想，紧跟时代的要求，不断解放思想，更新观念；抓住机遇，迎难而上，努力探索符合本单位实际的发展新路子，在开拓进取中力争有所建树；自觉做到不大吃大喝，不挥霍浪费，不追求奢华，不铺张浪费，始终保持朴实的生活作风。

要坚决同奢侈浪费、享乐主义等不良现象作斗争。在市场经济的大潮中，确实有少数党员干部思想觉悟低了，品德修养差了，党性原则弱了，是非观念模糊了。这些人在生活上追求舒适享乐，在工作上贪图安逸清闲，早已把艰苦奋斗精神抛到了九霄云外。这种现象同我们党的性质、宗旨是完全背离的。对此，党员干部必须引起高度重视，绝不可视而不见、掉以轻心，更不能随波逐流；要发扬为党和人民负责的精神，坚决同这些现象做斗争，在实践中履行入党誓言和党员义务，始终保持共产党人的政治本色。

改进作风，最核心的是保持党同人民群众的血肉联系。作风是党的生命，重视作风建设是我们党的传统。党最大的政治优势是密切联系群众，执政后的最大危险是脱离人民群众。离开了人民，我们党就失去了执政之基；脱离了群众，我们党就失去了生命之源、力量之源。

党员干部只有与人民群众始终保持血肉联系，牢固树立宗旨意识，才能不断增进与人民群众的感情，真心实意地倾听他们的呼声、关心他们的疾苦、尊重他们的意愿。确立了这样的执政理念，党员干部才能把实现好维护好发展好人民群众的根本利益放在首位，才能真正深入实际、深入群众，讲实话、出实招、办实事，自觉抵制形式主义、反对官僚主义，不断地改进我们的作风。

作风是否确实好转，要以人民群众满意为标准。群众心中有杆秤。党员干部的一言一行、一举一动，群众都看在眼里、记在心上。要真心关爱群众。党员干部应真心实意地关心群众，了解群众的工作、生活和思想状况，从涉及群众切身利益的事做起，从解决群众最现实、最急迫的问题入手，为群众办好事、做实事、解难事。要诚心服务群众。党员干部应始终坚持党的群众路线，摆正自己和人民群众的位置，不办有损人民群众利益的事情，以为民务实清廉为价值追求，牢记宗旨、服务群众，始终与人民心心相印、同甘共苦、团结奋斗，夙夜在公，勤勉工作，把实现好、维护好、发展好最广大人民的根本利益作为一切工作的出发点和落脚点。要全心全意依靠群众。在制定方针政策、推动工作落实的过程中，始终坚持“群众第一”、“群众至上”原则，认真吸纳民意，把群众的积极性和创造性引导好、保护好、发挥好，凝心聚力推进改革发展。

改进作风，最关键的是要坚持知行合一。言必信、行必果。言行一致是做人的应有品格、为人处世的道德要求，是共产党人党性修养的外在表现。党员干部的一言一行本身就是一种导向，直接影响党在人民群众心目中的形象，必须坚持说到做到，决不能给群众开“空头支票”。“光说不练假把式”，作风建设最怕只说不做，贵在行动上真干。“党员看干部”，党员干部一定要拿出实干、真干的勇气，用自己优良的作风带动全体干部作风建设落到实处。

“道虽迩，不行不至；为政贵在行，以实则治，以文则不治。”

做到知行合一，核心在于真抓实干。实践证明，抓工作不落实等于零。党员干部更应夯实“做功”，不做表面文章，多些真抓实干；不去虚张声势，多些勤奋务实。从实际出发谋划事业、干好工作，使思路方法符合客观规律、符合规章制度要求；脚踏实地干事，敢于担当责任，勇于直面矛盾，善于破解难题，围绕既定目标，扑下身子抓落实，以“踏石留印、抓铁有痕”的韧劲和“知难不言难、迎难不畏难”的干劲，百折不回，努力创造实绩。

好作风是做出来的。作风建设说一千道一万，最终要落实到“做”上。做，就是实践，就是按照坚持和发扬党的优良作风的要求，自觉改造不好的作风，努力培养好的作风。当然，这需要有争创一流的志气、坚忍不拔的意志、知错就改的决心——这本身就是良好作风的重要体现。只有这样，才能更好地提升自己、完善自己，更好地推动各项事业发展进步。

二、官僚主义脱离群众，不正之风要力戒

我们一定要警惕，不要滋长官僚主义作风，不要形成一个脱离人民的贵族阶层。 ——毛泽东

官僚主义，是指在一定历史时期产生的，执掌公共权力的行政人员背离职责要求，片面追求其特殊利益的行为模式、生活方式以及渗透于其中的思想观念的总和。它主要是指那种高高在上，唯我独尊，脱离实际，漠视群众，办事拖拉，敷衍塞责，不负责任，满足于官样

文章，坐而论道，不干实事，只知发号施令而不进行调查研究的不良作风。

官僚主义作风，是一种腐蚀剂、一种惰性力量，与党的宗旨犹如冰炭不能同器，水火不能相容。党历来重视同官僚主义作斗争，但官僚主义至今仍在少数领导干部身上不同程度地存在着，并时时危害着党的事业、处处影响着党和政府的形象。

官僚主义存在领域的较广，存在于政治、经济、文化、社会等诸多领域和不同层级的权力拥有者身上，是一种“常见病”、“易发病”、“多发病”；表现形式具有多样性，官僚主义在不同时间、不同地区、不同部门，甚至不同的个体身上，都会有不同的表现形式。

在官僚主义方面，主要是脱离实际、脱离群众，高高在上、漠视现实，唯我独尊、自我膨胀。

有的对实际情况不了解不关注，不愿深入困难艰苦地区，不愿帮助基层和群众解决实际问题，甚至不愿同基层和普通群众打交道，怕给自己添麻烦，工作上敷衍塞责、推诿扯皮、得过且过。

有的不顾地方实际和群众意愿，喜欢拍脑袋决策、拍胸脯表态，盲目铺摊子、上项目，最后拍屁股走人，留下一堆后遗症。

有的对上吹吹拍拍、曲意逢迎，对下吆五喝六、横眉竖目，门难进、脸难看、事难办，甚至不给钱不办事，收了钱乱办事。

有的对待上级部署囫囵吞枣、断章取义，执行上级决定照本宣科、等因奉此，或者照猫画虎、生搬硬套，以前怎么做就怎么做，别人怎么做就怎么做，完全不顾本地本部门实际情况。

有的官气十足、独断专行，老子天下第一，一切都要自己说了算，拒绝批评帮助，容不下他人，听不得不同意见。

这些官僚主义作风危害深远。一是损害党的执政形象。官僚主义把权力本身作为权力运行的出发点和落脚点，背离党的宗旨，扭曲执政行为，疏离党群干群关系，人民群众深恶痛绝，严重玷污党的执政形象。

二是削弱党的执政能力。官僚主义不注重深入基层，不注重集中民智，是重大决策失误的“总病根”，是诱发各种腐败现象的“催化剂”，导致党的正确路线和方针政策不能得到全面贯彻，对党的执政能力造成严重危害。

三是动摇党的执政基础。官僚主义脱离群众，伤害群众，得不到群众的拥护和信任。任其盛行，民心“长城”便会轰然坍塌，执政之基便会土崩瓦解。

四是危及党的执政地位。官僚主义损害群众利益，恶化党群关系，迟滞体制改革，降低运行效率，助长腐败现象，腐蚀党的机体，最终将动摇党的执政地位。

列宁曾经尖锐地指出：“我们所有经济结构中的一切工作中最大的毛病就是官僚主义。共产党员成了官僚主义者。如果说有什么东西会把我们毁掉的话，那就是这个。”

官僚主义作风已经到了非清除不可的地步了。邓小平曾经严肃地指出：“官僚主义现象是党和国家生活中广泛存在的一个大问题……无论在我们的内部事务中，或是在国际交往中，都已达到令人无法容忍的地步。”

出现官僚主义现象的原因固然是多方面的。官僚主义的形成既有历史根源，也有现实原因。历史根源和思想根源可追溯到封建社会形成的“官本位”意识，“官本位”意识是封建专制思想残余。所谓“官本位”，就是以官为本、以官为尊、以官为准，一切为了做官，有了官位，就什么都有了，甚至“一人得道，鸡犬升天”，而不是以民为本、以民为尊、以人民群众的利益为最高利益。《儒林外史》中刻画的范进中举后的那种神态，正是这种观念的生动反映。

现实原因是一些领导干部放松了党性修养，自觉不自觉地成了“官本位”意识的俘虏，信奉“以官为本”，把做官、保官、升官作为人生最大追求，沉湎于“自我设计”，只求个人升迁，不问群众冷暖，这就导致一系列背离党和人民利益的问题发生。另外，权力过分集中、缺少严格的法规约束和个人责任制；体制的僵化或不健全，机构臃肿，层次繁多，人浮于事等也都是产生和滋长官僚主义的因素。

由“官本位”意识所导致的官僚主义，本质是缺乏责任心和事业心，对党和国家的事业不负责任，对人民的利益不负责任。党员干部是人民群众的公仆，权力、衣食都是人民给的，人民群众是衣食父母。党和人民赋予党员干部权力就是要担当责任，只当官、不担责的好事是不会有的。

人民群众对官僚主义十分痛恨。清除官僚主义作风是树立为民务实清廉执政形象的必然要求。只有坚决反对官僚主义，以为民谋利取信于民，以务实为政造福于民，以清廉从政赢得人心，才能真正树立起为广大人民群众所认同的执政形象。

清除官僚主义作风是密切党同人民群众血肉联系的必然要求。只有坚决反对官僚主义，引导党员、干部树立群众观点，弘扬优良作风，解决实际问题，保持清廉本色，才能进一步融洽党群干群关系，密切党同人民群众的血肉联系。

清除官僚主义作风是实现“两个一百年”奋斗目标和“中国梦”

的必然要求。只有坚决反对官僚主义，我们党才能够赢得全国各族人民的衷心拥护，才能够凝聚全社会的最大共识，才能够团结一切可以团结的力量，为实现“两个一百年”奋斗目标和“中国梦”集聚正能量。

抵制和反对官僚主义，需要在以下几方面努力：

一是提高党性修养，树牢宗旨观念。作为党员干部，要努力学习辩证唯物主义和历史唯物主义，从认识根源上铲除滋生官僚主义的根子。要以高标准严格要求自己，在实践中努力改造主观世界，坚定共产主义的远大理想，坚定建设有中国特色社会主义的信念，树立正确的权力观、地位观、利益观，牢记全心全意为人民服务的宗旨，做人民的公仆。坚持一切为了群众，一切依靠群众，从群众中来，到群众中去；坚持以“人民拥护不拥护、高兴不高兴、赞成不赞成、答应不答应”作为考量工作的根本标准，把人民群众对美好生活的向往作为我们的奋斗目标，将政绩镌刻于人民群众口碑。

二是破除“官本位”意识，树立现代公仆意识。权为民所赋，权为民所用。现代党员干部要有现代化意识，要端正权力观，认清官僚主义的实质，消除封建思想残余，提高抵制剥削阶级思想腐蚀的能力，自觉抵制和反对官僚主义作风。党员干部来自人民，植根人民，除了服务人民，没有任何特殊权力。切实把立党为公、执政为民根植于心、外化于形，时刻把群众利益放在心中最高位置，努力做到立身不忘做人之本，为政不移公仆之心，用权不谋一己之私，自觉反对和抵制特权思想、极端个人主义等的侵蚀。只有虚心向群众学习，真心对群众负责，热心为群众服务，诚心接受群众监督，才能杜绝官僚主义的潜滋暗长，涵养一心为民的公仆情怀。

三是践行群众路线，注意完善工作方法。密切联系群众也是克服官僚主义的重要法宝。党员干部是党联系群众的桥梁，只有始终站稳群众立场，摒弃官僚主义作风，在思想上尊重群众、感情上贴近群众、工作上依靠群众，才能赢得人民群众的信任和拥护。每位党员干部都要经常想一想，我们来自群众，是否脱离了群众；群众给了我们权力，是否真心在为群众办事；群众养育了我们，是否真心对群众负责，热心为群众服务。在工作方法上要始终坚持群众路线和民主集中制，大力改进调查研究，努力增强工作实效；充分保障人民群众的民主参与、民主管理、民主决策、民主监督权利，使决策真正体现绝大多数人的意志和利益。

三、形式主义害死人，工作贵在求实效

如果形式不是内容的形式，那么它就没有任何价值了。

——马克思

形式主义，顾名思义，就是片面地注重形式而不管实质；或是只看事物现象而不分析其实质的工作作风和思想作风。形式主义是官僚主义的一种表现，它是伴随着公权而滋生蔓延的。

形式主义的不良作风，主要是知行不一、不求实效，文山会海、花拳绣腿，贪图虚名、弄虚作假。2013 年 6 月 18 日，在党的群众路线教育实践活动工作会议上，习近平列举了形式主义的主要表现：

有的不认真学习党的理论和做好工作所需要的知识，学了也是为应付场面，蜻蜓点水，浅尝辄止，不求甚解，无心也无力在实践中认

真运用。

有的习惯于以会议落实会议、以文件落实文件，热衷于造声势、出风头，把安排领导出场讲话、组织发新闻、上电视作为头等大事，最后工作却不了了之。

有的抓工作不讲实效，不下功夫解决存在的矛盾和问题，难以给领导留下印象的事不做，形不成多大影响的事不做，工作汇报或年终总结看上去不漂亮的事不做，仪式一场接着一场，总结一份接着一份，评奖一个接着一个，最后都是“客里空”。

有的下基层调研走马观花，下去就是为了出镜头、露露脸，坐在车上转，隔着玻璃看，只看“门面”和“窗口”，不看“后院”和“角落”，群众说是“调查研究隔层纸，政策执行隔座山”。

有的明知报上来的是假情况、假数字、假典型，也听之任之，甚至通过挖空心思造假来粉饰太平。

细数形式主义种种表现，都有一个共同特点，“无实事求是之意，有哗众取宠之心”，对群众关心的问题绕着、躲着、拖着，对上镜头出风头的事情围着、追着、捧着。都有一个基本特征，“扎扎实实走程序，认认真真走过场”，只讲原则，不拿办法；只要轰动，不计成本；只图虚名，不求实效。难以给领导留下印象的事不做，形不成多大影响的事不做，看上去不漂亮的事不做，仪式一场接着一场，总结一份接着一份，评奖一个接着一个。总而言之，就是假大空、空对空。表面如火如荼，实则一地鸡毛；看似动作不少，只是原地空转；自己乐在其中，群众苦在其后。

形式主义是一种贪图虚名、不求实效的工作作风，是一种本末倒置的工作方式。“形式主义害死人”。其危害，不仅在于装腔作势、有名无实，还在于它的“异化”作用，让一切工作变味走样，最后实事泡汤、好事办砸。比如，你要求搞绿化环保，他给你来个荒山涂绿漆、枯树插新枝；你要求节能减排，他给你搞个突击拉闸限电，连居民也要几日一停电；你要求网络问政，他却热衷采购设备，空留一堆摆设；你要求依法行政，他也照猫画虎，把听证会变成了赞成会……凡此种种无不说明，“形式主义是一种幼稚的、低级的、庸俗的、不用脑子的东西”。

形式主义的危害很大，一是误事。形式主义一般都属表面文章、花架子，不解决任何问题，搞形式主义的人也不想解决任何问题，因此误事是必然的。用形式主义去做经济工作，经济上不去；去防治污染，环境好不了；去对待民生，民生不可能改善；去解决社会治安问题，也没法增强群众的安全感。二是伤财。形式主义虽然不解决任何问题，但有时成本却非常高昂，往往搞得鸡飞狗跳、怨声载道，“伤财”又“劳民”、“扰民”，一些本可以用来济困办学、修路架桥的钱，成了形式主义的牺牲品。三是“毁容”。形式主义严重败坏党风政风，严重损害党和政府的形象，伤害群众的感情，减损群众的信任，消解群众的信心，进而严重影响了党群关系和干群关系。

形式主义自古有之，但缘何屡禁不绝？就在于它总摆出一副“政治正确”的样子，把中央的要求挂在嘴上，说起来滔滔不绝，却轮子空转，啥也不干；把群众的呼声当成幌子，听起来热热闹闹，却虚晃一枪，浮光掠影。这种堂而皇之的“政治排场”、轰轰烈烈的“政治效果”，成为许多不正之风的“门神”，成为我们一切工作的大敌。比如，明知报上来的是假情况、假数字、假典型，也听之任之，甚至通过挖空心思造假来粉饰太平。对此，有心批评者担心唐突了“大好形势”，有意反对者忌惮触碰了“官场禁忌”，最终任由表面上的花团锦簇，掩盖了矛盾的存在，拖延了问题的解决。

当“形式主义问题”屡屡在“形式主义解决”中获得重生，当为民举措时常在口头上“落实”、实践中“落空”，当改革方案往往因形式主义久推难转、转而不动，形式主义就会成为横亘在理论和实践、党和群众之间的一堵无形之“墙”。如果不拆除这堵“墙”，假作真时真亦假，党的方针政策就会失去公信力，党员干部说话办事就没有号召力，我们的各级党组织就会缺少凝聚力。

党员干部要认清形式主义的危害，坚决反对和克服形式主义。

反对形式主义，最根本的是要端正思想路线。党的思想路线是实事求是，形式主义与实事求是是背道而驰的。正反两个方面的经验充分说明，实事求是的思想路线丝毫偏离不得，实事求是的优良传统万万丢不得。我们一定要把解放思想与实事求是统一起来，把高涨的工作热情与严格的科学态度结合起来，大兴求真务实之风，努力在推动科学发展、促进社会和谐、保障和改善民生上出实招、办实事、求实效。求真务实是形式主义的天敌，在务实上下功夫，从实处着眼、用实干考量、用实绩说话，才能铲除形式主义生根接枝的土壤，形式主义问题才不会像韭菜一样，割了又生，生了又长。

反对形式主义，关键在领导干部。领导干部的表率作用极为重要，在克服形式主义方面尤为重要。大凡形式主义的东西，同领导机关、领导干部一般都有密切关系。如果领导干部对形式主义严加抵制，对助长形式主义的做法严厉批评，一级带一级、一级抓一级，来个好的“上行下效”，问题不也就较好解决了吗？所以说，反对形式主义，必须从领导干部做起，上级要为下级做出样子。对自己所分管的工作，对下级置任务，检查工作，都要考虑到切实可行，坚持摒弃华而不实的西；只有用改革的精神，在转变机关职能过程中，废止那些保护、支持、助长的形式主义的文件规定，不让形式主义的东西轻易过关，也坚决不用搞形式主义的人，形式主义的市场就必然会越来越小，才能刹住形式主义歪风的蔓延。

反对形式主义，最好的办法是充分发扬民主。反对形式主义，必须依群众来进行。工作孰优劣，让群众来评判。要努力扩大干部工作中的民主，广泛听取群众意见，充分尊重群众意愿。每个干部都要加强党性修养，把维护党和人民利益作为一切工作的出发点和落脚点，真正做到想群众之所想，急群众之所急，解群众之所难。这样，形式主义就失去了存在的基础。

四、实实在在地干，干实实在在的事

衡量一个干部的好与差，就是看他能不能办实事，能不能打开局面。

——习近平

天下之事，务实为要。古人早有“虚谈废务，浮文妨要”的见解。什么叫“虚谈废务”？就是终日谈玄弄虚，闲扯莫名所以的东西；什么叫“浮文妨要”，就是成天做文字游戏，将许多更重要的事情淹没在文山会海之中。

古往今来，多少清谈的政客因之误事误国误己，为人们所耻笑，而那些崇实务实的人，常被记起并誉之为“民族的脊梁”。事有千件，贵在实干。

实干的要义在于一个“干”字，实实在在地干，干实实在在之事。成绩是干出来的，而不是空谈得来的。把嘴上说的、纸上写的、会上定的，都付之行动，一件件事情做好、一项项任务落实、一个个问题解决，才能有工作的新进展、局面的新变化、事业的新成效。只说空话，不干，或干的不是实事，干不到实处，再好的决策、措施、办法也是“镜中花、水中月”。

“空谈误国，实干兴邦”，施政为人皆通此理。邓小平强调，世界上的事情都是干出来的，不干，半点马克思主义都没有。如果只是纸上谈兵而不真抓实干，再宏伟的蓝图都会落空，再美好的梦想也不可能成真。党员干部应当既是梦想家又是实干家，既要胸怀理想又要脚踏实地，把自己的事情做扎实，把改革发展稳定的任务落实好，一步一个脚印地朝着梦想奋进。

人间万事出艰辛。实现中华民族伟大复兴，是一项光荣而艰巨的事业，需要每一个人付出艰苦努力，用实干托起中国梦。2012年12月，习近平在广东考察工作时强调：“面向未来，全面建成小康社会要靠实干，基本实现现代化要靠实干，实现中华民族伟大复兴要靠实干。”

古今事业须成于实，天下大事必作于细。“合抱之木，生于毫末；九尺之台，起于垒土；千里之行，始于足下”，成大事者需从小节做起，扫天下者需从庭院扫起。为人为官只有注重实干，将功夫花在细节上，时间花在拼搏上，心思花在务实创业上，才能成就一方事业，实现一个梦想，造福一方百姓。

干部干事，天经地义。作为党的干部，就要一生一世为党为人民干事，一心一意为单位、社会干事。可以说，这是当干部的一种责任，一种理念，一种追求。今天的干部是人民的公仆，受党之培养，就要为党分忧，食国之俸禄，就要为民干事。这是天经地义的事，也是每位干部最起码必须做到的事，如果做不这一点，那就不配称为干部。

干部干事，是立身之本，创业之基；是宗旨之要，执政之源；是发展之重，民本之需，是衡量工作态度、工作方法、工作作风和工作成效的重要标志。干部的第一个字是“干”，干事是干部应尽的本分。为此，干部不想干事，就不配叫干部；干部不会干事，就不是好干部；干部不去干事，就不能当干部。各级干部应当始终把干事当作一种崇高责任、一种价值取向、一种人生追求。

一要履职尽责想干事。“官者乃因事而设”。是不是想干事，是衡量干部愿不愿为党和人民的事业而奋斗，是检验真不真心为人民谋利益的重要标杆。凡事想干了，才会有希望；不想，则一事无成。

有了“想干事”，才会有激情、有动力，才会放弃一切，主动投入，即使在平凡岗位上，也能创造出非凡业绩。有了想干事的强烈愿望，就会忘我地工作，无私地奉献，始终保持与时俱进、开拓创新的良好精神状态，有一种干不好工作不罢休的使命感，达到如痴如醉的精神境界。如果一个人无意做事，那么就会主动性差，工作停留在被动应付状态上。在其位要想其事，才能谈得上有党性，才能谋求单位建设发展。

党员干部要牢固树立靠事业立身、靠政绩进步的思想，少一些浮躁，多一些思考；少一些应酬，多一些实干；少琢磨些人，多琢磨些事。珍惜现有的岗位，真正把工作当事业干，把全部的心思集中在想干事上，热爱自己的工作，用初恋般的热情完成工作，干好每天必干的工作，担好必须担负的责任，努力在本职岗位上有所作为。

二要注意方法会干事。会不会干事，是能力的体现、是干事的基础。干事一定要明确应该干哪些事、怎样干事，而不能干傻事、乱干事。

干正确的事是干成事的前提。方向正确，即使步子迈得不大，目标也会越来越近；方向错了，即使走得再快，结果也只能是南辕北辙。

会干事就是要顺应规律地善干，就是要明明白白地干，就是要依靠群众地实干，就是要不断创新地巧干，把实干精神与科学态度结合起来，就是讲方法、讲效率、讲质量、讲水平，就是举重若轻、事半功倍。

善于运用典型引路的方法推动工作，善于运用分类指导的方法指导工作，善于运用突出重点的方法推开工作，善于运用注重特色的方法创新工作，善于运用完善机制的方法落实工作，通过一个个具体问题的解决，一个个具体项目的落实，一项项重点工作的突破，一个个预期目标的实现，强力推进经济社会又快又好发展。

会干事，就要明白一切办法，只有在干事当中才能找到；一切问题，只有在干事当中才能解决；一切机遇，只有在干事当中才能抓住。

会干事，就是要切实按照“科学执政、民主执政、依法执政”的要求，进一步转变工作方式方法，紧紧抓住利益这个根本、法律这个准绳、服务这个途径，综合运用法律、教育、经济、行政等手段，集中精力抓大事，注意解决工作中的重点难点和群众关心的热点问题，着力解决涉及全局的突出问题，会干事创佳绩。

三要不做虚功真干事。古人曰：“为政贵在行，以实则治，以文则不治。”为政之道最可贵的是行其政，以实事求是、扎扎实实的态度与方式执行政令，则可以达到有效治理的目的。如果以文饰、浮夸的方式做表面文章，则必然事与愿违。

真干事就是用真实行动去创造真实的业绩、政绩和成绩。党员干部要少一些浮躁、多一些思考，少一些盲干、多一些巧干，少琢磨人、多琢磨事，真正把心思花在工作上；要始终保持一种积极进取、昂扬向上的精神状态，一种励精图治、迎难而上的工作干劲，一种干不好工作就食不甘味、寝不安席的敬业精神，做到踏石留印、抓铁留痕，不达目标不收兵，不达效果不罢休。

注重在实干中体现能力、显现实力、凸显潜力，从思想深处想着做事，真抓实干，把所有的心思和精力都集中到干事创业上来，体现到推动发展上来。

四要凝聚合力共干事。常言说：众人拾柴火焰高。党员干部要大力弘扬团结协作的精神，做到团结共事、和谐干事和合力成事。

对此，党员干部要增强协调性，多支持，不拆台，做到同登一个“台”，演好一台“戏”，不跳“独舞”；要增强自律性，多担责，不争功，真正做到有了成绩不争功，有了问题不诿过；要增强相容性，多体谅，不计较，讲友谊，讲谅解，讲风格，求同存异，尊重对方，切实做到上下一条心、拧成一股绳，合心合力合拍，能干苦干同心干。

要着力构建人人争当先进、人人想“干成事”的争先创优机制，团结广大群众珍惜机遇，有怕做不好事、怕群众不满意的诚惶诚恐心理。头脑里有了这种愿望，心里头有了这个“怕”字，做事情才会有动力、有压力，才会有干劲、有冲劲，才会合力干事创业。这也是对党员干部能力、素质、思想、作风的检验，也是群众强烈的呼声。

党和人民的事业，等不来，盼不来，而是要靠党员干部带头干起，率领群众同甘共苦干成事。群众评价一名干部，往往是不看“唱功”看“做功”。因此，实现中国梦，需要各级党员干部大兴实干之风，带头发扬实干精神，以实干为荣，以实干为责，出实策、鼓实劲、办实事，不图虚名，不务虚功，带头苦干、实干、巧干、创造性地干，以身作则带领群众把各项工作落到实处。

五、弘扬工匠精神，认真把事做好

把每一件简单的事做好就是不简单，把每一件平凡的事做好就是不平凡。

——张瑞敏

“工匠精神”，是指以更精到的工艺技术实现对产品与服务更精致的追求，打造本行业最优质的产品与服务，其中包含严谨认真、精益求精的职业态度，以及随时代发展推陈出新、尽善尽美的职业操守。“工匠精神”作为一种精神信念，其核心理念是认真、专注、精益求精。“工匠精神”的精髓在于把“匠心”融入生产和服务的每个环节，既要对职业有敬畏、对质量够精准，又要富有追求突破、追求极限的创新活力。

“认真”是“工匠精神”的核心内容之一。认真，就是不马虎、不苟且，以严肃的态度或心情对待事情。

认真，是做好任何事情的前提。即使再小的事情，也决不可把其当成小事来看待，更不可粗心大意。失之毫厘，谬以千里。行政管理工作上的一些小细节看起来只是旁枝末节，实际上也关系全局的发展，稍有疏忽，很可能闹出笑话，甚至酿成严重后果。

毛泽东指出，“世界上怕就怕‘认真’二字，共产党就最讲‘认真’”。

“认真”是做人处事的应有态度，更是一种责任意识和思想境界。

正如习近平强调的，“对我们共产党人来说，讲‘认真’不仅是态度问题，而且是关系世界观和方法论的大问题，是关系党的性质和宗旨的大问题，是关系党和人民事业发展全局的大问题。这股‘认真’劲应该体现在干事创业的方方面面，也应体现在党内生活的方方面面。”

做事认真的人，往往会更注重过程、注重细节，尽力追求一流、追求完美。因为他们懂得，稍有疏忽、稍不用心，就可能给工作带来妨害，把事情办砸，甚至可能让人们的身心受到伤害。

一位航天界的老科学家曾谈到这样一件事：一次，我国自行研制的一种新型火箭即将运往发射基地。按照惯例，出厂前要完成装配与测试工作。由于时间紧迫，车间师傅请示：“有 4 个陀螺是同一批次生产的，第一个能装上，其他 3 个应该没问题，是不是可以不装了？”这位老科学家同意了。结果，在发射现场装配时，却发生意外“卡壳”：有一个陀螺无论怎么也装不上。后来，报告钱学森，钱老要大家仔细加工研磨后再试装。结果，从下午 1 点一直干到第二天凌晨 4 点。在这个过程中，钱老一直在现场陪到凌晨 4 点，直到问题彻底解决、事情圆满结束后他才离开。

这件事告诉我们，事贵认真。只有老老实实，全心尽责，事故才可免，挫折才可避，成功才可握。否则，必然是事故堵不住，挫折常上门，成功难见影。

从现实生活来看，一些人“认真”的作风不足。比如，有的办事三分钟热度，没有耐性，见异思迁，急功近利，有始无终；有的搞调研蜻蜓点水，抓工作浮光掠影，满足于一般号召和逐级传达；有的抓工作不深入细致，方法简单粗放，手段粗枝大叶；有的抓工作浮光掠影，忙碌于一般号召和逐级传达，习惯于用“大概”、“也许是”、“好像”、“差不多”等模棱两可的词语回答问题；有的工作责任心不强，马马虎虎，敷衍了事，简单应付，只求过得去，不求过得硬；有的工作我行我素，有法不依、有章不循、有诺不践……这些行为背离了“认真”二字，也背离了党的作风要求。

有的人虽然业务素质高、解决问题的能力很强，却三心二意、毛手毛脚，容易“大意失荆州”，一失足成千古恨。视工作为儿戏，懒懒散散、粗枝大叶、麻痹大意的人，在哪里都是不受欢迎的。这也警示我们：工作马虎不得，工作应付不得，工作空洞不得！

事贵认真。认真做事才有力量，认真是打开成功大门的钥匙。干部要敬业，就要认真对待每一件事情。

一是严谨细致，一丝不苟。做事一丝不苟，意味着对待小事和对待大事一样谨慎。生命中的许多小事都蕴含着不容忽视的道理，那种认为小事可以被忽略、置之不理的想法，正是人们做事不能善始善终的根源。

细节决定成败。有时候工作中犯个小错误，出个小纰漏，自己还真没当回事，只觉得是个小事。严格来说这是错误的，“勿以恶小而为之，勿以善小而不为”，“千里之堤，毁于蚁穴”，“集腋成裘”，“聚沙成塔”，都说明了这个道理，小的失误能够毁掉一个人，小的成功能够成就一个人。

工作中小的失误有两个危害：一是使自己形成了不好的工作习惯，工作中易于出错，而且认识不到问题的危害性、严重性，因为自己可能早就麻木了，习惯了这些错误；二是自己的形象越来越差。在别人眼里觉得你是一个小事做不好的人，是一个易于出错的人，久而久之，这种看法会自然蔓延、扩散，会形成定论，当别人一提起你，脑海中马上跟对你的定位联系到一块。

做事一丝不苟，要克服马虎轻率的毛病。马虎轻率的毛病是工作的大忌。稍微的马虎轻率，可能导致灾难，酿成大祸。正如明代学者胡居仁所说："心粗最害事，心粗者，敬未至也"他认为只有心细者、心敬者才能成事。因此，要求人们诚心诚意、一丝不苟地对待工作。

就如类似复印文件这种简简单单的小事情，一开始，谁都会比较认真，复印文件往往都能仔细查看一番效果，仔细校对一下页码。日子一长，未出现过什么差错，往往就产生机械性的懈怠心理。有时候事情一赶了，便急于完成任务，忽略了这些细节。行文的顺序、文章的完整对一份正式文件来说十分重要。若时间充裕，查阅文件的领导或者同事能发现其中之错漏尚能补救，可一旦事情紧急，大家都没发觉，岂不是有可能导致严重后果？

早在 20 世纪早期，鲁迅先生就一针见血地指出，中国四亿人生着一种病，名称就是马马虎虎，不医好这个病，是不能救中国的。胡适先生曾写过《差不多先生传》，批评当时的国人缺少认真的精神。

认真，就要细致，就要从细小之事做起，以细密之心处事。要有艰苦细致的工作作风，一步一个脚印地做工作，一个环节一个环节地抓落实；要从大处着想，从小处做起，善于关注每一个细节，把小事做细、做实、做精。

二是保持耐心，不怕麻烦。事情总是烦琐的。有的事情，看似简简单单，却需要层层把关。面对这种情况，思想决不可有厌倦情绪，更不可"跟着感觉走"，让"经验"蒙住自己的双眼，认为"第一次是这么做的”，“第一次行，第二、第三次也行”，于是，卸除思想武装，减少工作程序，导致不该发生的事故发生。在工作中不厌其烦，不怕麻烦，才能做到真正的认真。

干事兴业，要像滴水一样，锲而不舍，持之以恒。荀子曰：“骐骥一跃，不能十步；驽马十驾，功在不舍。锲而舍之，朽木不折；锲而不舍，金石可镂。”不要羡慕别人的成功，我们在锲而不舍中享受了奋斗的历程和不屈的激越；不要向往别人的安逸，我们在持之以恒中体味了成长的坚强与坚韧的毅力。

只有认真地做好当下的每一件事，才能积小胜为大胜，才会由量变转化为质变。若无每日闻鸡起舞坚持不懈的毅力，祖逖又怎能北伐中原而名垂丹青？若无长年笔走龙蛇墨染池水的功夫，王羲之又怎能挥毫盖世而被尊书圣？若无半生钻研演算草稿盈筐的血汗，陈景润又怎能摘取数学明珠而享誉世界？

“一勤天下无难事”。只有通过勤奋工作，才能铸就生命里的一切辉煌。一个人能不能实现人生的价值、创造生命的辉煌，关键取决于自己以什么样的态度对待工作。等待和抱怨只能一事无成，消极和懈怠只会蹉跎岁月。正如谚语所说，勤劳的手能把石头变成金子，不劳动的手能把金子变成石头。

三是精益求精，力求更好。工作的标准要定得高一些，要有“精益求精”的理念。成功的人生源于对“精”的追求，一个人有了“精”的理念，就会有“精”的追求，“精”的目标，“精”的行动，就一定会出成果、出精品，脱颖而出。

每天比规定的做好一点点。很多时候，我们对自己的要求较低。标准一旦低了，马虎的现象就会出现。如何让工作更加有特色，需要我们每天精益求精。最关键的是，我们对万物要有个谦逊的态度，不自满，加强学习，不断改进。只有下决心要做到最好时，我们的能量才会源源涌出。

认真对待工作中的每一个环节、每一个步骤，工作才能更加出色、才能趋于完美。要在工作中坚持以一种积极的心态去工作，工作就会变得积极主动。我们也应该懂得，成功没有捷径，只要比别人多做一点，工作认真一点，用心诚恳一点，成功的可能就会离我们更近一点。

敬业精神是竞争力的重要基础，却不是竞争力的全部。在科技日新月异、一日千里的今天，我们不仅要敬业，还要专业、职业、精业，才能从尽职尽责跨越到尽善尽美，才能从优秀跨越到卓越。

一个人成功与否，在于他是不是做什么都力求做得最好。成功者无论从事什么工作，都绝对不会轻率疏忽。因此，在工作中应该以最高的规格要求自己。能做得最好，就必须做得最好，能完成百分之百，就绝不只做百分之九十九。只要我们把工作做得比别人更完美、更快、更准确、更专注，动用自己的全部智能，就能引起他人的尊重，实现自己心中的愿望。

第八章

恪守清廉的操守

清廉的意思就是清正廉洁、奉公守法。清，纯净而无混杂；正，正直而无邪；廉洁，不损公肥私，不贪污受贿。清则心境高雅，清则正气充盈，清则百毒不侵，清则万众归心。为政清廉才能取信于民，秉公用权才能赢得人心。党员干部恪守清廉的操守，就是要始终坚持廉洁从政，严于律己，不贪不奢，始终坚持自重、自省、自警、自励，抵得住诱惑，耐得住寂寞，忍得住清苦，保得住清白，做到两袖清风、一身清正。

一、清廉是为官之本，守住从政的底线

廉者，政之本也，民之惠也；贪者，政之腐也，民之贼也。

——晏子

廉洁是对人的行为及道德修养的基本要求，更是党员干部从政操守的核心，是应有的基本政治品格，是从政道德的原则和底线，需要每一名党员干部持之以恒地加以坚守。

古往今来，有无数清正廉洁、务实为民的清官，都受到百姓的崇敬与爱戴，他们的形象深入人心，他们的故事广为传颂。

史书中有不少备受称道的清廉佳话，颇值得当今党员干部深思。如春秋时宋国执政大臣子罕的“不贪为宝”，三国时吴国广西郁林太守陆绩的“压船廉石”，东汉杨震“天知，地知，我知，你知，何谓无知”的“深夜拒金”，宋朝赵卞出任成都转运使时随身携带的“一琴一鹤”，明代司法按察使周新的“悬鹅示众”，清代直隶巡抚于成龙的“立檄拒礼”……无不折射出古代廉吏洁身自好的高尚节操。还有包拯、于谦、海瑞、林则徐等，他们都是有口皆碑，以其清正廉洁、高风亮节名垂史册，成了老百姓心目中的清官榜样。

在社会主义建设和改革开放的各个时期，涌现出了焦裕禄、孔繁森、郑培民、杨善洲等一大批先进典型，他们的事迹震撼人心。这些先进典型的共同点就是两袖清风、一尘不染，秉公用权、清正廉洁，勤勤恳恳、一心为民。

党员干部只有确立了这样一个清正廉洁、严于律己的标准和目标，才能堂堂正正地从政做人，才能安安稳稳地成就事业，才能最终实现自己的人生追求。反之，突破了这个底线，丢掉了这个标准，放弃了这个目标，放任放纵自己，到头来只能是深陷腐败的泥潭。

无论历史如何变迁，无论时代怎样发展，廉洁永远是时代的需要，清正永远是人民的期盼。清正廉洁是对人的行为及道德修养的基本要求，是党员干部执政操守的核心，是公正执法和以德服人的前提，是从政道德的原则和底线，需要每一名党员干部持之以恒地加以坚守。

廉洁是执政立党的根本。早在春秋战国时期，许多政治家、思想家就把“清、慎、勤”作为从政为官的箴言。《晏子春秋·杂下》云：“廉者，政之本也。”认为清廉是从政的根本。南宋大诗人陆游在《春日杂兴》诗中云：“但得官清吏不横，即是村中歌舞时。”吏治腐败，必然导致天下大乱、政权衰亡。

而今亦同样，对于一个政党、一个政府而言，廉则信，信则立。只有廉洁了才能取信于民，才能在人民群众中树威立信。党的执政地位不是与生俱来的，也不是一劳永逸的。党执政60多年的历史实践反复告诉我们，永葆清廉本质、铭记为人民服务的宗旨是党执政题中应有之义，对于巩固党的执政地位至关重要。

有强烈的清廉意识，才会有政党和政府的自觉；没有强烈的清廉意识，就会人亡政息、改朝换代。国家之兴，莫不始于吏治清廉；国家之患，莫不源于吏治腐败失治。

廉洁是为官立政之本。自古以来，仁人志士不只是把为官清廉看成一种道德理想来追求，而是当作从政为官最基本、最起码的道德规范来要求。屈原说过："宁廉洁正直以自清兮。"《吕氏春秋》认为："临大利而不易其义，可谓廉矣。"秦代《为吏之道》把"清廉毋谤"列为"吏有五善"之一。明代薛瑄说："正以处人，廉以律己，信以接物，宽以待下，敬以处事。"

清廉内则律己修身，外则表率服众。公生明，廉生威，廉洁方能聚人，律己方能服人，身正方能带人，无私方能感人。汉代董仲舒认为"至廉而威"，汉代桓宽说："欲影正者端其表，欲下廉者先其身。"他们都认识到只有廉洁奉公方能树立榜样和威信。唐代武则天《臣轨》盛赞："廉平之德，吏之宝也。"宋代吕本中《官箴》提出"清、慎、勤"是居官诀要，后来康熙御书这三字，刻石赐内外诸臣作为座右铭，尤以清廉作为整饬吏治的首要任务。

北宋陈襄《州县提纲》说道："居官不言廉，廉盖居官者分内事。"清代陈弘谋《从政遗规》更加透彻地指出："清乃官箴之始基，不足恃也。居官者以廉之一节自满，而种种戾气秕政伏焉。"可见，清廉是为官从政的分内事，因而应当自觉保持清廉的情操。

廉洁是推进个人前进的风帆。为官廉洁，光明正大，才能不受蒙蔽，明察是非；一身清白，没有私心，才敢于处事公正。为官清廉，才能受到上级的赏识，得到百姓的爱戴，自己也才能身心安然。宋代的"青天大老爷"包拯，奉行"廉者民之表也，贪者民之贼也"的信条。明代民族英雄于谦更有"清风两袖朝天去，免得闾阎话短长"的诗句，以此表现他的清廉，也博得人民至今的传诵和景仰。

今天，只有为政清廉，才不会受到那些不可告人的牵连和羁绊，事业才能一帆风顺，前程将更加远大。因为清廉，在群众的心目中，你是可以信赖可以依托的好领导，在组织和领导心目中，你是党和人民所欢迎所需要的廉洁勤政的好干部。因此，党和人民可能赋予你更大更光荣的使命，你将不断地铸就更加辉煌的壮丽人生。

如果一个党员干部不廉洁，以权谋私，贪腐成性，势必在群众中丧失威信。没有威信的党员干部说话无人听，也是做不好工作的。

郑培民有句名言："中国百姓历来喜欢清官，一个政治家及其亲属在经济上是否清白，是他能够获得公众拥护的主要因素。"雁过留声，人过留名。做到时时清白、事事清白，生前清白、身后清白，才能赢得百姓夸奖，获得青史留名。

不要人夸颜色好，只留清气满乾坤。像坚贞的梅花那样有清高的骨气，像高洁的莲花那样出污泥而不染，是一种崇高的境界，也是对从政者的基本要求。一个干部，不论职位高低，都应当廉洁奉公，把关怀民生放在第一位。

做到廉洁从政，需要境界高远。清廉是干部的立身之本，高远是干部的境界所在。干部如果没有一种清明清廉、自律自控的大修养，没有一种不以物喜、不以己悲的大襟怀，他就不可能深刻地认识到自己所肩负的政治责任和社会责任，不可能具有坚定的政治信念和高尚的精神情操，也就不可能成为"一个高尚的人，一个纯粹的人，一个有道德的人，一个脱离了低级趣味的人，一个有益于人民的人"。

因此，党员干部有高尚的人生追求，要涵养淡泊，甘守宁静，少一点计较，多一点大度；少一点浮躁，多一点务实；少一点杂念，多一点公心，有超越功利的境界，在腐朽思想和灯红酒绿的考验面前，真正抗得住诱惑，耐得住寂寞，顶得住歪理，管得住小节。

做到廉洁从政，需要树立正确的权力观。为何有些人走上了贪污腐败的歧路？一个重要原因是由于没有树立正确的权力观。本来，任何党员干部的权力都是人民授予的，只应当用于为国家和人民工作，为大众谋福利，并且诚心诚意地接受人民的监督。可是有人却把权力异化成了谋私的手段，信奉所谓“有权不用，过期作废”之类的谬论，大肆进行权钱交易，贪赃枉法，自己葬送了自己。

正确的权力观使人高尚，错误的权力观把人引入歧途。党员干部要时刻想到自己的权力是人民给的，权力只是为人民服务的工具，只能用来为人民谋利益，而不能为个人、为小团体谋利益。要尽心竭力干事业，以社会发展和人民富裕为己任，少想着自己的小家庭。

要把人民群众的安危冷暖放在心上，把人民拥护不拥护、赞成不赞成、高兴不高兴、答应不答应，作为想问题、办事情的出发点和落脚点，摈弃私欲，成为为民解难、为民造福的人。

要做到廉洁从政，需要保持清醒头脑。经常自我反省、自我检查和自我解剖，对自身不良思想言论和行为进行自我否定，这既是党性修养的一种境界，也是以德从政的基本途径。

人非圣贤，孰能无过？有过不可怕，怕的是有过不知过、有过不改过。市场经济条件下，领导岗位已成为“高危职业”，领导职位越高，承担的责任越大，一旦决策失误，给事业造成的损失越大，面临的责任追究也越多；同时，身处要害部门、权力特别集中的领导干部遇到形形色色诱惑的机会更多，思想上稍有放松，即有被“糖衣炮弹”击中的危险。

因此，党员干部一定要保持清醒头脑，按照“吾日三省吾身”要求，善于解剖自己，敢于否定自己。自身出现缺点、毛病、错误的时候，不应遮遮掩掩，而要“闻过则喜”，“闻过则改”，勇于自我解剖，正视问题，坚决克服，这样才能不断战胜自我，净化灵魂，始终保持思想道德的纯洁性。

二、小贪小占莫小视，勿以恶小而为之

禁微则易，救末者难，人莫不忽于微细，以致其大。

——范晔

腐败不问级别大小。在现实生活中，“小官小贪”的现象比较常见，“小官大贪”的惊人怪象也屡屡见诸媒体。

先说“小官小贪”的现象：有些干部自称不犯大错误，只是喜欢喝点小酒、打个小牌、偶尔用公款跳个小舞、到下属单位报销一点小件物品发票、利用领导关系或经办权搞一点以权谋私的小动作。这些人一般被人戏称为“五小干部”。

这些“五小干部”利用为群众办事的“小权力”，刁难群众，卡拿索要，手拿印把子，急着把钱收。在一些基层政府和办事窗口，盖章收费非常普遍，而且名目繁多，譬如“印章磨损费”、“办公费”、“赞助费”等等，弄得群众抱怨：“盖章花钱不多，不盖麻烦更多”。少数干部“不给好处不办事，给了好处乱办事”，脸难看、事难办、门难进，敲诈勒索，索贿受贿，巧立名目，雁过拔毛，吃拿卡要，折腾百姓。“权有多大，利就有多大”、“县官不如现管”。更值得警惕的是，有些人并不把吃拿卡要、弄点贪点当成多么严重的事情，在小贪不腐中越滑越远。“五小干部”有如下特点：

一是社会的广泛性。当今的“五小干部”已经渗透到社会生活的各个层面，各个行业。涉及基层的各个管理部门和各种管理人员，涵盖了基层党委、政府的各个机关，具有明显的广泛性。路有路霸，水有水霸，电有电霸，房有房霸，医有医霸，学有学霸……只要有点权势的，就要想办法捞一把。他们因其小而无孔不入；他们因其小而不易察觉；他们因其小而更令人寒心。因此，人们无时无刻不感受到它的存在，也已习以为常。

二是恶劣的公开性。如果说“大腐败”还是在暗中悄悄地进行的话，那么“五小干部”的腐败，他们不会有那么多的顾忌。因为“五小干部”者自有自己的一套“理论”：我搞这一点点算什么？与有权的相比，我们可怜了！还有人想：不搞点“外快”，我的利益谁来给补偿？我不捞别人也会捞，因而一个个都显得“理直气壮”、明目张胆。

三是侵害民众的直接性。从对社会的危害看，“大人物”的腐败危害自然要比“五小干部”的腐败严重得多，厉害得多。但是，从对普通老百姓的危害看，“五小干部”却要比“大腐败”更让老百姓“头痛”，因为“大腐败”对百姓的侵害是间接的，而“五小干部”的侵害则是直接的，从吃、喝、拉、撒、住，到就业、就学、就医、打官司，老百姓要天天与这些“五小干部”打交道，“五小干部”们就在你我的生活中，人们最容易感受得到。

四是治理的顽固性。“五小干部”涉及的人多、面广，情况多种多样，非常复杂，犯法他不够，违纪又难纠。又由于有“德不责众”、“法不治众”的所谓“传统”，所以治理起来就相当艰难。经常反反复复，“风头”来的时候就收敛一下，“风头”一过，就马上死灰复燃，

"前仆后继"，甚至还要把过去的"损失"补回来。所以，从某种意义上讲，它比治理"大腐败"还要艰难得多。

再说"小官大贪"的怪象：一个小小的科级干部，贪污受贿的钱财动辄上千万元，甚至过亿。山西蒲县一个科级的煤炭局长郝鹏俊，居然敛财高达 3.05 亿元，在寸土寸金的北京、海南坐拥房产 35 处。

但凡小官大贪，不外乎两种类型：一是位低权轻，油水不稠，但贪墨不懈，日积月累搞"蚁贪"，最后数字也很可观。二是位低而权重，居于关键领域和重要部门，级别虽低，但岗位很紧要，控制着相当大的物资分配权、人事管理权和项目审批权等，因此，照样可以狮子大开口地"鲸吞"，而且还不引人注目。三是位小无"监督"。现实中，监督的重点往往放在"一把手"和手握重权的高官身上，而对一些手握实权的小官，监管有时难免疏漏，这为他们腐败创造了条件。一些党性不强、经不起诱惑的小官，难保不"出轨"。

"官不在大，有权则灵。"这是百姓流行语，不想再次被郝鹏俊之流所证明。抚顺市顺城区国土资源局局长才是个多大的官，可有"土地奶奶"之称的罗亚平局长，短短几年里敛财达 6000 万元，并在单位私设小金库，掌控着上亿元的赃款。与郝鹏俊和罗亚平相比，江西省鄱阳县财政局基金股李华波的官职更小，只是一个股长，但他竟然能将这个贫困县的近亿公款卷逃至境外。至于股长，在中国的官员体系中，连最小的副科级"官员"都算不上。

小官大贪，好比老鼠成精。小官大贪，是权力的异化。在贪婪者面前，权力不分大小，都是赚钱工具。所以，别小看那些出纳员、信贷员、办事员、村支部书记等，一旦手中权力用歪了，后果往往也会令人“大吃一惊”。与“大官”相比，“小官”往往因其“小”而在腐败中具有某种“比较优势”。“小官”之“小”，主要言其职务、地位不高，但他们往往处于管钱、管物等要害部门或关键岗位，极易发生权钱交易。

从一定程度上讲，小官的腐败所作所为不像贪官污吏那样惹人注目，产生的腐败后果也没那么严重，群众反映也不那么强烈，纪检部门也往往没有那么多的精力去加以追究，但它的危害不小；它就是腐败的温床，就是老百姓眼中的克星，就是溃败大堤的蚁穴，就是嗜血的毒蚊。如果我们把那些大贪官比作“老虎”，那么，那些小官小贪甚至小官大贪就是“苍蝇”。

“老虎”和“苍蝇”本就是一丘之貉，二者是生长在同一片土地上的两种霉菌，其滋生的土壤相同、遗传基因相同、政治理念相同、人生目标相同，只有量的差别，没有质的不同。况且，“老虎”不是天生的，大多是由“苍蝇”逐步转化而来。“苍蝇”是机会还没轮到的潜在的贪官污吏，恰如群众所说，“苍蝇”这个群体是生出“大腐败分子的摇篮”，是“社会风气败坏的温床”。因此，“苍蝇”的危害不容小视。

一是损害党和政府的形象。因为广大群众经常接触的、能够看得见的是“小干部”，直接和老百姓打交道，他们的一言一行、一举一动，老百姓看在眼里，听在耳中，心知肚明。小官腐败最终将造成严重的社会不公，社会不公必定会引发公众对政府的不满，会影响到广大人民群众对我们党反腐败的信心，还危害党和政府之执政公信力。种种小权力腐败如同嗡嗡作响的苍蝇在身边盘旋，让群众感到不舒服，不加以遏制的话，党心民意之间的联结就会断线，从而使我们党和政府丧失民心，丧失人心，动摇执政基础，这绝不是危言耸听。

二是损害社会公平公正。吃别人的嘴软，拿别人的手短，致使影响办事公平和执法公正。由于“小官小贪”是发生在群众身边的腐败，都与群众生活息息相关，群众生活的每一件事情都要通过行贿、走关系才可以办理，“小官小贪”却可以利用特权大行其事，这本身就造成了社会的不公。权力部门和掌权者掌握自由裁量权，有可能利用权力谋取部门或个人利益，致使公共资源被少数人占用、公共服务被个别部门垄断、公共利益被一小撮人侵占，损害社会公平正义，动摇社会和谐稳定根基。

三是助长社会不良之风。社风民风看党风、看政风。“小官小贪”的腐败对社会不良风气有着重要的影响作用，给社会风气造成了恶劣的影响。凡事，都要请上一桌、喝上一顿；凡事，都要送上一把、表示一下；凡事，都要先找关系、疏通关系。正常的社会秩序、工作秩序扭曲变形。借机敛财、吃拿卡要，以至于“不给好处不办事、给了好处乱办事”，最终破坏的是地方经济发展的软环境。社会不良风气的盛行，会进一步影响全民心理和行为，从而造成全民腐败，形成社会不良风气的恶性循环。这种现象如果不予以治理，社会将陷于病态运行状况，严重危害社会秩序和国家治理。

小官大贪频频被曝，提醒我们在反腐斗争中，眼睛不能光盯住“大老虎”，也要注视那些犄角旮旯里的“小苍蝇”。小官直接与群众打交道，最易伤及百姓的利益，他们的行为会使人民对党和政府失去信心和希望。“小”有小的隐蔽性，“小苍蝇”一旦养大成“精”，必是大祸害。

其实，“苍蝇”、“老虎”只是从量变到质变的形象说法，边升官边腐败、从小贪变大贪的案例就是“苍蝇”变“老虎”的现实版，“苍蝇”、“老虎”的危害并不应以大小计，而应以性质论，既然都是危害社会，就不存在打谁不打谁、先打谁后打谁、轻打和重打的问题。

习近平同志在十八届中央纪委二次全会上强调，从严治党，惩治这一手决不能放松。要坚持“老虎”、“苍蝇”一起打，既坚决查处领导干部违纪违法案件，又切实解决发生在群众身边的不正之风和腐败问题。

因此，反腐不仅要防范“大官”大贪现象的出现，集中火力打“老虎”的同时，还要全面出击，勤拍“苍蝇”。保持党的纯洁性，既要严厉打击小贪小腐，更要打击大贪污、大腐败。坚持老虎苍蝇一起打，坚决清除党内和群众身边的不正之风、腐败问题。在贪污腐败问题上，没有大小人物的区别，只要触犯了，就要坚决出手惩治、绝不手软、绝不姑息、绝不给其喘息的机会。

对党员干部个人来说，就是要注意加强廉洁自律意识，注意谨小慎微。任何事物的产生发展变化都有一个由小到大、由量变到质变的过程。慎微的核心就是“不以恶小而为之”。微小之处不警惕，就会失掉大节。也就是说，要慎小事、拘小节。小事小节是党员干部个人品德的反映，也是党员干部队伍作风建设的一面镜子。一个在小事小节上过不了关的党员干部，也很难在大事大节上过得硬。

“夫祸患常积于忽微”、“不矜细行，终累大德”。党员干部的慎微，必须从慎小事、拘小节做起，特别是在生活作风问题上更要慎之又慎，勿以恶小而为之，勿以善小而不为，去小恶以保本真，积小善以成大德。

三、玩物丧志须警惕，谨防爱好成祸根

各种娱乐的高下优劣，最能显示那个人的高下优劣。

——麦肯

情趣爱好是个人品行和修养的直接体现。生活正派，爱好得当，情趣健康，讲操守、重品行，注重培养健康的生活情趣，保持高尚的精神追求，既是党员干部必备的基本素质，也是对党员干部的起码要求。

人生在世，大抵各有所“好”。没有爱好的人，恐怕很少。而没有爱好，似乎也不见得是好事，张岱说过，“人无癖不可与交，以其无深情也；人无疵不可与交，以其无真气也。”懂得休闲是一种人生智慧。小爱好甚至还可能有大意义——社会发展的历史表明，人类许多发明创造都与个人休闲爱好密切关联。

积极健康的业余爱好，可以放松心情、调剂生活、涵养心灵，对于陶冶性情、丰富个人生活不失为一种好方法。在日常生活中，党员干部有许多健康高雅的情趣爱好可供选择。比如，以读书为乐，以书为伴，好学不倦；以笔耕为乐，书写妙文，感悟生活；以书画为乐，泼墨挥毫，吟诗作画；以锻炼为乐，打球打拳，游泳散步；以音乐为乐，纵情放歌，歌咏比赛；以盆栽为乐，栽花弄草，美化生活；以收藏为乐，集邮藏书，把玩欣赏。

然而，事物都有双面性。对于党员干部，特别是手握实权的领导

干部来说，爱好是一把双刃剑。决非一己私事那么简单，往往是“牵一发而动全身”。对于党员干部来说，爱之有道、好之有度，对于怡养性情、心理健康确实是有好处的；爱之无节、好之无度，则往往会成为腐败的诱因，成为人生的陷阱。

古人云：“好船者溺，好骑者堕，君子各以所好为祸。”凡是人，皆有爱好。但每个人的爱好都要有个合理的度，特别是手里有一定权力的人，自己的爱好更要谨慎些，尤其是在金钱和美色方面，更是要隐秘些为好。否则，“爱”而不当，“好”而无度，被人利用，就可能为“爱”所累，为“好”所害。

因为，收藏玉石、字画、名酒、瓷器等兴趣爱好意味着高消费，是需要大量财力来支撑的，党员干部如果不量力而行、慎加选择、自我约束，极易成为权钱交易者觊觎的目标。

现在社会上一些人，由于受不良风气和“潜规则”的影响，为了好办事、快办事、办成事，常常不走正道走邪道，经常挖空心思揣摩领导的爱好。党员干部一旦认识上缺位，思想上放松，行为上失控，就很可能在“爱好”这一关失守，被别有用心的人俘获。这样的例子不胜枚举：

厦门海关原副关长兼缉私局局长接培勇，是个爱好书画的“风雅之人”，开始并不买赖昌星的账，赖昌星了解其爱好后，花重金邀请国内九位知名书画家联合创作一幅《牡丹图》送给他，终于一步一步把接培勇拉下水。

近年来最典型的例子恐怕要数安徽省原副省长倪发科。据媒体报道，倪发科被起诉收受和田玉价值 1200 万元，帮人低价购买探矿权，挪用国家保障房用地指标；据有关部门调查，倪发科爱玉成痴，说起玉石“顿感精神、眼睛发光”。平时看电视、看书，玉不离手，脖子上还要戴上一个玉石挂件。短短几年间，倪发科玉石藏品之丰富便可开办玉石展。

倪发科在收受别人的玉石、玉器后，对对方的要求则有求必应，利用手中的权力为他们提供无原则的支持和帮助，这些行为已经沦为一种赤裸裸的权钱交易，是彻头彻尾的腐败。

对于倪发科来说，开始他并不懂玉石。在六安市任领导期间，当地发现了一种玉石矿，为培育成产业，市里邀请了多名全国玉石专家前来鉴赏、献策，后发展产业未成，倪发科自己却发展成玉石爱好者。表面上看，他爱上的只是文人雅士之“雅品”，若从深层次看，他“好”的却是膨胀的欲望以及放纵的权力，而这早已超越了“爱好”，变成了无度的“嗜好”。因为，至少在后来，他知道玉石的价值同金钱并无两样。说得直白一点，收受“雅品”实际上还是对金钱孜孜不倦的追求的贪婪表现。

他们都有一个共同点，那就是“好”而无度。凡是人，皆有爱好。但每个人的爱好都要有个合理的度，特别是手里有一定权力的人，自己的爱好更要谨慎些，尤其是在金钱和美色方面，更是要隐秘些为好。否则，“爱”而不当，“好”而无度，被人利用，就可能为“爱”所累，为“好”所害。

其实，古往今来，那些遭缧绁之祸的贪官污吏，哪一个又不是因为自己的“所好”而身陷囹圄或者遭杀身之祸呢？“好”而有度，能给人带来享受，带来快乐。“好”而无度，却能给人带来灭顶之灾，让人陷入万劫不复之中。

生活情趣看似小事、小节，但小中见大。党员干部的生活情趣是其人格的外在表现，反映了其日常生活中的价值取向，影响着他们的人生抉择和事业发展。从一个人的兴趣爱好，既可以判断他的境界、品位和气质，更可以看出其对工作、对事业的基本态度，对党和人民是否忠诚，人格是否高尚。那些贪图安逸、沉湎酒色、留恋牌桌的党员干部，很难在事业上有积极向上的态度和责任感，很难有全心全意为人民服务的理想追求，往往因其消极颓废、追求享乐的人生态度而丧失为人的道德底线，丧失共产党员的基本原则，坠入腐化堕落的深渊。

党员干部尤其是领导干部，是公众人物，其情趣爱好是生活作风的反映，往往影响到社会的价值取向。从某种意义上说，领导干部的一言一行、一举一动都具有示范和辐射效应，其生活情趣会影响整个社会的风气和广大群众的价值取向。特别是领导干部特殊的身份和地位，其一言一行、一举一动，无形中会营造一种风气、提倡一种追求、引领一种方向，而且职位越高影响越大。正所谓“上有所好，下必甚焉”，“城中好高髻，四方高一尺”。

习近平同志在中央党校成立80周年庆祝大会上，在勉励领导干部读书学习时强调：“领导干部还应该了解一些文学知识，通过提高文学鉴赏能力和审美能力，陶冶情操，培养高尚的生活情趣。许多老一辈革命家都有很深厚的文学素养，在诗词歌赋方面有很高的造诣。总之，学史可以看成败、鉴得失、知兴替；学诗可以情飞扬、志高昂、人灵秀；学伦理可以知廉耻、懂荣辱、辨是非。”

这番话语重心长，意义深远。党员干部的爱好不是简单的“个人小事”。对于个人生活情趣与爱好的选择上，党员干部一定要清醒认识，正确把握，注重培养健康的生活情趣，保持高尚的精神追求，不让兴趣爱好与权力勾连。

一是选择得当。党员干部追求兴趣特长，应该发扬高雅、舍弃低俗，以健康向上的文体活动，文明高尚的业余生活，充实精神世界，磨砺坚强意志，从而在兴趣爱好中培养优秀的人格人品。许多人到了中年以后，往往都会面临这样的状况：职务越来越高、责任越来越大、各种应酬越来越多，与此同时年龄越来越大，精力一日不如一日。因此，应该选择有利于身体健康的业余爱好，使自己拥有强健的体魄、充沛的精力，这是做好本职工作的重要基础条件。

二是把握好度。既然是业余爱好，那么就不能把爱好当作生活和工作的全部。党员干部就应把精力全部用在“全心全意为人民服务”上，用在为人民掌好权、用好权上。如果沉迷于个人的兴趣爱好，不务正业，那就很可能造成工作上的失职、渎职，危害百姓的利益，同时自己也要承担责任，可谓是害人害己。个人的兴趣爱好，只能用来丰富业余生活，调节因工作造成的紧张情绪，一定要分清楚这个主次，切不可玩物丧志。古往今来，从一般官员到皇帝，不乏因沉迷于个人的兴趣爱好而荒废政事，导致丢官丢江山的教训。因此，做到有节有度、低调行之、好而不贪、不为物诱。

三是给爱好扎上“铁篱笆”。党员干部少不了要与各种各样的人打交道，这就要求我们要树立坚定的政治立场，纯洁交际圈，做到交往讲原则、讲品位；把个人爱好当秘密，宁愿低估自己锁住爱好，也不应高估自己抵御诱惑的能力，划清职务行为与业余爱好的界线。许多业余爱好不是独自一人进行的，往往不可避免地使党员干部身边产生一些牌友、棋友、画友等等。如果这纯粹是共同的爱好结成的友谊，那就是健康的志同道合的关系，所谓“君子之交淡如水”。对那些“项庄舞剑，意在沛公”、“醉翁之意不在酒”的人要有足够的警惕，一旦察觉其意图，宁可及早拉开距离。最好把自己的兴趣爱好存放于心中，展玩在家里，和公务脱钩，不轻易“示爱”，不给人以可乘之机。

全国优秀共产党员、吉林省水利厅原厅长汪洋湖爱吃鱼，但在水利厅工作期间，大家都知道他不吃鱼，原因是他给自己的爱好“上了把锁”，自觉做到兴不沉溺、好不示人。在吉林省水利厅工作12年，汪洋湖坚持不吃鱼12年。他认为，水利厅下面管理着大大小小几十个水库，逢年过节，这些单位可能会往家里送鱼，容易滋长不正之风。汪洋湖隐己所好，坚持自律，做到防患于未然。

事实上，凡清正廉洁、公私分明的好党员，大都不会显露自己的爱好，以免给别人留下行贿、钻空子的机会。全国优秀共产党员、湖南省委原副书记郑培民也是这样的人。他喜欢集邮，却一生隐藏自己的爱好，不给送礼者以丝毫借口，两袖清风，令人敬佩。

高尔基说，“人的价值表现在心灵上”。对于党员干部来说，应当谨记“君子各以所好为祸”，认真对待、正确把握、审慎选择兴趣爱好，“爱”之得当，“好”之有道，管住自己的爱好，从而陶冶情操，完善人格，提升价值。

四、坚持以俭去奢，做到以俭养德

唯俭可以助廉，惟恕可以成德。——范纯仁

按中华民族的传统，节俭历来是一种美德，节俭还能“养”德。“艰难困苦，玉汝于成”、“居安思危，戒奢以俭”。

中华民族历来以勤劳勇敢、不畏艰苦著称，历来讲求勤俭持家，勤俭办一切事情。我们党是靠艰苦奋斗成长壮大、成就伟业的，是靠勤俭节约发展事业、建设国家的。艰苦奋斗是我们党的优良传统和作风，是我们党保持同人民群众血肉联系的一个重要法宝。

近年来，随着物质生活条件的改善，享乐主义、奢靡之风在干部队伍中有所滋长，讲排场、比阔气、挥霍浪费的现象还大量存在，艰苦奋斗、勤俭节约的优良作风在一些党员干部那里被淡忘了。有的甚至对艰苦奋斗、勤俭节约的传统美德不以为然，认为不合时宜。这是错误的，也是有害的。

那么，在经济社会不断发展、物质财富日益丰富的今天，还要不要提倡节俭？要不要树立节俭意识？回答是肯定的。节俭不仅是一种生活方式，也是一种精神理念和工作作风。时代再发展，条件再优越，倡俭戒奢的要求不能变，倡俭戒奢的道理应当经常讲。

增强节俭意识，是由我们党的性质和宗旨所决定的。坚持立党为公、执政为民，努力实现好、维护好、发展好最广大人民的根本利益，是我们一切工作的出发点和落脚点。要做到这一点，就需要广大党员始终坚持勤俭节约、艰苦奋斗的作风。这是成就事业、赢得拥护的重要法宝。无论时代如何变迁、环境如何变化，这种政治本色和精神品格都不能变。在条件趋好、形势顺利的情况下，更应当保持头脑清醒，防止滋长骄傲情绪，自觉坚持勤俭办一切事情，真正把每一分钱都用到人民群众最需要的地方。唯有如此，才能凝聚人心和力量，战胜前进道路上的各种困难，不断夺取事业的新胜利。

增强节俭意识，是由我国的基本国情和现实需要所决定的。在不少人看来，提倡勤俭节约和艰苦奋斗，是因为经济不发达、物质不丰富，是不得已而为之。这种看法是不全面的。毫无疑问，经过近 30 多年的改革开放，我国经济社会发展取得了巨大成就，我们已经有了一些“家底”，这是值得自豪的。但是，从客观实际看，我国人口多、生产力不发达、地区发展不平衡的状况还没有根本改变，我们的“家底”还不厚。同时，由于我国资源的人均占有水平远远低于世界平均水平，且利用效率不高、浪费严重，我国经济社会发展与资源、环境之间的矛盾日益凸显，转变经济增长方式的任务十分艰巨。解决这一矛盾，完成这一任务，一个根本途径就是建设资源节约型和环境友好型社会，一个关键环节就是在全社会树立勤俭节约、艰苦奋斗的意识和作风。唯有如此，才能不断开创科学发展的新局面，加快全面建成小康社会的进程。

增强节俭意识，是不断加强党的作风建设的必然要求。节俭作为一种生活方式，体现了一个人的理想信念、价值观念和生活态度，反映着一个人的世界观、人生观、价值观。是否具有节俭意识，体现党员干部的作风，关系党的形象。相反，如果党员干部出现奢靡之风，就会引起群众的反感。没有什么比奢靡之风更能把党与群众隔离开来的了。如果成天忙于应酬、耽于享乐，穿梭于高档会所，沉迷于推杯换盏，常常是醉醺醺、昏沉沉、轻飘飘，哪有时间深入基层、深入群众？哪有时间思考问题、研究工作？把有限的社会资源用于满足奢华的口腹之欲，又如何不让群众追问：权力究竟是在谋一己之私，还是为人民服务？任由奢靡之风蔓延，我们党就会脱离群众，就会失去根基、失去血脉、失去力量。

邓小平曾感慨："为什么过去很困难的局面我们都能度过？根本的问题是我们的干部、党员同人民群众一块苦。"在实现中国梦的新征程上，狠刹奢靡之风，全心全意与群众一块苦、一块干、一块过，我们才能从亿万群众中凝聚起实现梦想的磅礴力量。

历史告诉人们：勤俭与奢侈会给家、国带来成与败截然相反的结局。唐朝李商隐《咏史》云"历览前贤国与家，成由勤俭败由奢"，即是一个经典的总结。宋朝大儒朱熹也称："自古兴俭以劝天下，必以身先之。"古代的清官廉吏禁得起物质财富的诱惑，而以勤俭劝天下，在其朴素奢俭观的指导下，成为"以身先之"的楷模。

"奢靡之始，危亡之渐"，于家于国，莫不如此。奢靡之风还不只是浪费金钱和资源，更损害民风政风，危害巨大。《战国策》载，齐宣王时，首都临淄"其民无不吹竽鼓瑟，击筑弹琴，斗鸡走犬"，而后风气蔓延全国，"众庶百姓，皆以贪利争夺为俗"，乃至"不修守战之备"，待到秦国攻城之时，军民皆只有束手降敌。

历史和现实莫不证明，勤俭节约不仅是一种生活方式，同时还是基本道德底线。奢华的潘多拉盒子一旦打开，欲望的多米诺效应就会立刻显现：一个欲望推动着另一个欲望，一种贪婪紧随着另一种贪婪，各种贪欲接踵而至，永无尽头。"俭节则昌，淫佚则亡"，当无限膨胀的贪婪欲望遇到了不受节制的恣意权力，结局就是意料中事。

对个人来说，德为立身之本，俭为养德之道。勤俭节约可以降低人的物质欲望，减少外物的刺激需求，通过清心寡欲来修身养性，提升内在的道德修养。而奢靡享乐则是欲望膨胀的开始，是走向腐化堕落的第一步。一旦迈开这一步，就会利欲熏心，最后欲壑难填而自取灭亡。历史上，富甲天下的邓通饿死街头，富可敌国的石崇收监问斩，贪恋专权的刘瑾招致凌迟，国之巨贪和珅狱中自缢……这些生前锦衣玉食、不可一世之人，最后结局无不是财尽人亡、身死名灭。

对国家来说，勤俭节约是立国之本，也是治国之道。俭可以养廉，廉可以治国。即使是处在繁荣盛世的贞观之治时期，魏征仍不断谏劝唐太宗要“居安思危，戒奢以俭”。历史表明，勤俭和廉洁如同一对孪生兄弟，克勤克俭往往能实现国家的长治久安。今天，对于各级党员干部来说，勤俭廉洁是为官从政的最低要求和道德底线。勤俭节约所要求的清静寡欲、淡泊节制，可以消解和克制人内心的贪婪和欲望，有效防止国家公权力的腐败滥用和官吏的贪污腐化，实现廉洁自律的内在要求。在这个意义上，勤俭节约不仅是敦风化俗的重要手段，也是防腐倡廉的重要途径。

勤俭不兴，贪欲不止；节约不行，欲壑难平。考究不少落马的豪贪巨蠹，其贪污腐化的直接起因，往往是一包名烟、一瓶美酒、一顿大餐、一块好表，之后就慢慢放弃了勤俭节约底线，渐渐养成了奢靡享乐恶习，最后走上了违法犯罪的不归路。近年来爆出的一些触目惊心的“老虎案”，无不是背弃了节俭节约原则，走上了奢靡享乐歧途，在贪腐堕落的泥坑中越陷越深，最终沦为国家的罪人。各级党员干部应当懂得，唯有把勤俭作为一种境界去修养、作为一种品格去恪守，才能自由行走在清正的大道上。

当然，提倡俭以养德，并不是提倡党员干部重穿草鞋、再吃草根树皮，过“苦行僧”般的生活。如果把勤俭节约理解得过于狭隘，就难以看到它是一种培养从政道德的精神力量；如果把勤俭节约理解得过于宽泛，就难以懂得我们党大力提倡勤俭节约的重要意义。

当一个人真正具备了节俭意识之后，就会在内心深处积聚巨大的道德驱动力；一个自觉实践勤俭节约的人，就会以良好的从政道德形成巨大的社会感召力。对每一个党员而言，不能满足于做节俭节约的向往者，更要成为身体力行的行动者，成为从我做起的践行者，从我做起、从现在做起，修身律己、带头节约，进而扎紧节约的制度篱笆，管好“钱袋子”、过好“紧日子”，才能对社会风气起到引领作用。

五、坚持从严治家，涵养清淳家风

修身正家，然后可以治人；居家理，然后可以长官。

——徐元瑞

“修身齐家治国平天下”，这是中国古代德政思想的精髓，说明了树立良好家风对廉政从政的重要性。廉洁的作风，会带出良好的家风；良好的家风，又可促进廉洁的作风。可以这样说，家庭是廉洁从政的第一道“防火墙”，能否保持清淳的家风，对党员干部能否清廉从政的影响十分明显。

亚圣孟子说过：“天下之本在国，国之本在家。”家是涵育民风的早期摇篮，是培养官风的基本单位。常言道，“求忠臣必于孝子之门”，这正是打通国与家、打通官风与家风的最简练的概括。如果有清淳的家风，家人就是清正为官的第一道屏障；相反，如果家风败坏的话，家人就成为清正为官的第一道障碍。

良好家风是阳光，呵护幼树可参天。革命元勋和改革功臣习仲勋多次告诫他的子女，越是领导干部子女越要低调，越要“夹着尾巴做人”。刘伯承的夫人汪荣华在家里贴的告示上写着：“儿女们，这些电话是党和国家给你爸爸办公用的，你们的私事绝对不许用这些电话。假公济私是国民党作风，不许带到我们刘家来。——妈妈”。正因为有这样的好家风，严以律己，公私分明，虽然经受了不该有的磨难，但后辈都能保持坚定的信仰，致力于为党的事业而奋斗，取得了令世人钦佩的成就。老一辈领导人的持家之道，仍是今天党员干部的学习典范。

家庭作为党员干部个人生活的后院，无疑是十分重要的。家庭廉政建设搞得不好，不仅家属和本人受害，也损害党的形象、影响社会风气建设；家庭廉政建设搞得好，不仅家属和本人受益，也会对社会风尚起到榜样作用。所以说，无论是出于对党的事业负责的角度，还是对自己家庭负责的角度，党员干部都应在干好工作的同时，注意管好自己的家人，营造纯朴清正的家风。

一是树立正确的亲情观。鲁迅先生说过：“无情未必真豪杰，怜子如何不丈夫。”重亲情、爱亲人是人之常情，也是人类社会“大家庭”繁衍生息必不可少的纽带。但是，党员干部一定要理性面对家庭亲情。干部不是生活在真空中，不是不食人间烟火的神仙，倘若顾及亲情，处理不好公与私的关系，因私废公，则会被亲情“绑架”，被亲情裹挟着触犯党纪国法，最终前程尽毁、家庭破碎。

无数事实证明，亲情因素对党员干部从政行为的影响是不容忽视的。分析那些人从一名党员干部慢慢走向违法犯罪，蜕化变质为贪腐分子的轨迹，给人们留下了深刻的警示：当干部就必须牢固树立正确的亲情观，能经受住亲情的考验，始终管好自己的家人和亲友，慎始敬终地过好亲情关。

“人非草木，孰能无情？”党员干部也是人，同样有丰富的情感。关爱家庭、关爱家人，是人的本性。然而，面对亲情，怎样去关爱，却值得每一名党员干部认真思考。

坚持清白为官，不仅要管好自己，还要管好所有亲人，教育亲属树立平民意识，摒弃特权思想，拥有良好的品行，提高自立自强的能力。这才是对家人真正的关爱，也是造福家人、有益社会的行动。如果纵容亲属子女搞特殊化，甚至为他们升官发财绞尽脑汁，虽然能帮他们一阵子，却不能帮他们一辈子，如果不择手段，甚至采用违法手段，还将酿成更大灾祸，不但会断送自己的政治前途，也将摧毁整个家庭的平静与幸福。这种所谓的“亲情关爱”，其实是地地道道的“亲手加害”。

其实，党员干部的“不近人情”才是对家人最真心的关爱，是对他们成长进步的真切关怀。党员干部要在严以修身、管好自己的同时，还要管好配偶子女，对家人“爱之有度、爱之有方”，始终牢记党的宗旨和群众路线，时时处处以群众利益为重，决不踩纪律的红线，不越法律的底线，才能做到从政清廉、治家谨严。

二是公权不能私用。亲情观可以从一个侧面反映党员干部权力观的正确与否，反映党员干部对待党和人民赋予的权力的态度和立场。少数党员干部正是缺乏正确的权力观，导致世界观、人生观和价值观发生了畸变，在封建特权思想的驱使下，未能正确对待和使用手中的权力，热衷于搞“一人得道，鸡犬升天”，追求“有权不用，过期作废”，利用手中的权力为自己和家人谋取私利，放纵甚至怂恿家人大捞不义之财，最后落得个家毁人散的可悲下场。

还有一些党员干部在家庭生活中不注意树立正面的形象，没能传递社会主义核心价值观，经常将错误认识或负面消极思想直接或间接传递给家属，而家属一旦正邪不分、是非混淆，就会成为推波助澜的“贪内助”，就会支持甚至怂恿领导干部贪赃枉法，促使一些党员干部走上贪污腐败的不归路。

如果党员干部能把立党为公、执政为民牢记在心，时刻把群众的利益放在第一位，不贪图个人私利，不在亲情面前放弃原则，做到对亲属不开“口子”、不破“例子”、不顾“面子”，对身边人不留“空子”，对歪风邪气敢撕破脸皮，秉公办事，依法行政，做到情不越法、情不越规、情不越德，就不会被亲情所累。

三是管好配偶和子女。好妈妈胜过好老师。父母是子女的第一个老师，家庭是子女最重要的学校。党员干部应该是家人的榜样，首先要严以律己、言传身教，提高人格魅力，不断增强对家人的说服力和感召力。党员干部尤其是职位较高的领导干部，更要保持清醒，特别要注意教育、约束自己的家人。如果一个干部连自己的配偶子女都管不好、管不了，怎么能服人治事?

党员干部要严格要求自我,公私分明,一清二楚,绝不能为亲徇私，绝不能满不在乎甚至姑息纵容，绝不能爱听“枕边风”，让“贤内助”成为“贪内助”，甚至让“贪内助”升级为“全家腐”。

溺爱是害不是爱。爱之有方，就应注重培养子女健全的人格、良好的品性和坚韧的毅力，如果不加管教，一味娇纵宠爱，只会诱导他们误入歧途，走上歪门邪道。对于配偶子女提出的不合理、不合法要求，要态度鲜明地予以制止，并及时进行批评，不能受他们的牵制。这不只是一个家庭问题，更是一个党员干部应负的政治责任。

陈毅元帅在担任上海市市长期间，曾与他的子女“约法三章”：要求子女穿土布衣，不坐公家的小汽车，办任何事都要严格按制度来。陈云任中央纪委书记时，曾向自己的亲属子女提出“三不准”：不准搭乘他的车，不准接触他看的文件，不准随便进出他的办公室。前辈领导人严格的家规、清正的家风，今天仍传为美谈。

爱得越深，越需要教之有方。明末清初思想家黄宗羲说：“爱其子而不教，犹为不爱也；教而不以善，犹为不教也。”如果没有立足于社会的能力与水平，再多的良田，也只会坐吃山空；如果没有为人处世的道德与准则，再大的权力，也终究会摔跟头。对党员干部而言，掌握了严与爱的辩证法，守好了公与私的分界线，才能让子女学良知、结益友、行善事，活出无悔的人生。

四是营造温馨的家庭氛围。家庭是人生的幸福港湾，是自我疗伤的巢穴。一个人在外面工作再苦再累，只要回到家里，就会得到放松；若是在事业上遇到打击和挫折，只要回到家里，就会得到宽慰。人生一世，为官一任，谁不希望既有漂亮政绩，又有暖暖亲情？因此，一个成功者总是在干好事业的同时，努力把家庭建设好，照顾好家人，处理好事业和家庭的关系，保持二者之间的平衡，这不仅是尽一家之主的责任，也是给自己提供一个憩息的港湾、安稳的后方，减少后顾之忧，从而集中精力投入工作。

“家和万事兴”。妻贤子孝、夫妇和谐，对腐败有很好的防御作用；反之，家庭不睦、关系紧张，往往会使家庭防线失守，给腐败带来可乘之机。对党员干部特别是中青年干部来说，在单位是工作上的骨干，在家里是顶天立地的支柱，承受的工作压力、生活压力以及由此带来的心理压力都不小，有些甚至患上焦虑症，尤其需要配偶的理解和支持。这个时候，如果家庭和睦，配偶就会主动挑起家庭生活的担子，主动营造温馨、和睦的家庭氛围，就可以有效地防止党员干部因缺乏家庭温暖而在外面追求所谓的“快慰”，减少腐败的心理动因。

第九章

创造出色的业绩

好干部是干出来的。要干成事、干出成绩，必须要有一定的能力和本领。增强本领、提升能力，始终是党员干部安身立命的根本、成长进步的基石。复杂多变的国际国内形势、艰难繁重的发展任务，对广大党员干部的能力与本领提出了新的考验。党员干部的本领水平不会随着年龄的增长、职务的升迁而自然提高，要适应新形势新任务，就必须坚持终身学习，投身实践锻炼，注意总结提高，做到学中干、干中学，不断增强本领素质，成为一名想干事、会干事、能成事的好干部。

一、掌握正确的方法，提高决策的科学性

决策是管理的心脏，管理是由一系列决策组成的，管理就是决策。

——赫伯特·西蒙

决策，是指组织或个人为了实现某种目标而对未来一定时期内有关活动的方向、内容及方式的选择或调整过程。领导就是在调查研究的基础上进行决策，领导工作的过程，就是研究、制定和实施决策的过程。决策是领导工作的核心。成功的决策可以创造奇迹，失败的决策可能导致事业垮台。领导工作不仅要进行决策，还要会决策，科学地决策。

决策是领导干部的重要职能。决策讲求“运筹于帷幄之中，决胜于千里之外”，决策者不是谋士，也不是智囊团，而是领导干部。决策是领导干部的重要职能，不体现在“谋”上，而集中体现在“断”上。领导干部要对一些比较重大的、属于全局性问题作出决策。没有决策，就没有领导活动。

正确的决策，就能指引各项工作不断取得成就，使事业蓬勃发展；错误的决策，“一着不慎，满盘皆输”，就会导致重大的损失和挫折，以至整个事业的失败。

世界著名的咨询公司——美国兰德公司的一项调研表明：世界上每100家破产倒闭的大企业中，有85家是因为企业管理者的决策不慎造成的。

领导干部要有“一失足成千古恨”的危机意识，谨慎地运用决策艺术，调动部属的积极性和创新性，出色地、创造性地完成决策，如果随意“拍脑袋”，必将后患无穷。

领导干部在决策时，首先要着重审查决策目标能否有效达到，平衡和协调各方面的矛盾。由于领导干部最了解决策的目的和意义，最熟悉达成目标的内外情况以及各种条件，因此，领导干部除了严格掌握依据决策目标而确立的选择标准外，还必须妥善解决各方面的矛盾。在研究实行方案的条件中，既要注意物的因素，又要重视人的因素；在处理系统内部和相关系统各种问题时，要立足整体、照顾全局。

对不同类型的决策，要有不同的思考原则，把注意力放在关键问题上。对于确定型决策，既然结果比较有把握，那么决策就应选择最佳方案。领导干部应有实施方案的决心，并竭尽全力去争取实现最佳的结果。对于风险型决策，虽有概率资料可供借鉴，但仍然要冒风险。领导干部在作这种决策时，应着重注意：依据已知各种可能结果的概率，选择最有希望的方案行动，同时准备必要的应变对策，以防不测；不可孤注一掷，要留有余地，要有保险手段跟上。对于不定型决策，领导干部思考的原则和关注的重点在于：实现方案的结果具有不确定性，决策的原则是“摸着石头过河”，不要过于自信，也不可轻率莽撞；最好进行多方案试点，积累更多的经验；领导干部应密切关注信息反馈，及时调整和修改方案。

决策是领导干部的基本职能，领导干部在决策中肩负着重大的责任。在整个决策过程中，要站得高、看得远；既善于发挥专家们的作用，集思广益，又具有广博知识和科学思维能力，深谋远虑。这样才能够在各种困难和复杂的条件下，独立地作出科学的决策。

美国管理学家赫伯特·西蒙说："管理就是决策"。领导干部是一个单位的管理者，事业成败在于其决策正确与否的一念间。因此，领导干部要参透决策方法，研习决策艺术，做到多谋善断，科学决策，应当掌握好下述决策方法：

一是充分发扬民主，用集体的智慧进行正确决策。美国社会学家T·戴伊说："正确的决策来自众人的智慧"。无论什么决策方案，在酝酿过程中，都应充分发扬民主，善于听取各方面的意见，尤其要注意听取领导班子成员的意见，特别是一些不同意见。集思广益，把大家的智慧和正确意见集中起来作出决策。这样不仅能够有效地避免和减少决策失误，而且离利于将正确决策变为干部群众的统一意志。春秋战国时期的齐威王为强于敌手，竞争天下，曾下令悬赏谏言："群臣吏民，能面刺寡人之过者，受上赏；上书谏寡人者，受中赏；能旁讥于市朝，闻寡人之耳者，受下赏。"对提意见者奖赏，胸怀非一般人可比。

现代社会，利用集体智慧决策，要贯彻民主集中制，在民主基础上实行正确的集中，通过健全的制度和机制，充分反映、体现广大干部群众的意见和愿望，从而保证决策的正确。就如哈耶克所说，利用适当机制，能激活群众的智慧。这个"适当机制"，就是民主集中制。

一个优秀的领导干部，既要有一定的权威，还必须取得同事和下属的友谊和合作，充分依赖集体的力量。领导干部与被领导干部之间的关系不应当是一种刻板和冷漠的上下级关系，而应当建立起真诚合作的关系。更何况，决策时机稍纵即逝，领导干部不可能每个人都像诸葛亮那样，集谋与略于一身，而必须依靠团队的力量。

“三个臭皮匠，顶个诸葛亮。”科学决策，应注重集体智慧的作用。20世纪初，普鲁士将军香霍斯特在军队中建立了参谋本部制，用参谋的集体智慧来帮助统帅进行决策。1928年上任的美国总统杰克逊，将一些人才安插在他的周围，这些人虽然没有官衔，但却是影响很大的顾问，杰克逊和他们在白宫厨房内讨论国事，决定大政方针，故有“厨房内阁”之称。

决策也应善借“外脑”的智慧。对重大决策要建立专家咨询机制，以保证决策的科学化。特别要力戒领导干部凭“独断专行”的“长官意志”作决策。现代决策涉及的要素越来越复杂，范围越来越广，专业要求越来越高，必须借助由各种专家组成的智囊团充当“外脑”。世界三大天王智囊团的美国兰德公司、罗马俱乐部、野村综合研究所，其研究成果无不是集体智慧的结晶。

提高的决策的科学性，需要倾听和广泛征求下级及群众的意见，切忌闭门造车，少数人说了算；对涉及经济社会发展全局的重大事项，要广泛征求意见，充分进行协商和协调。对群众利益密切相关的重大事项，广泛收集和听取公众的意见，尤其是不同利益人群和利益集团的意见；要充分尊重专家学者和群众的意见和建议，反复比较，反复论证，权衡利弊，“两害相衡取其轻，两利相衡取其重”，从而正确决策，避免和减少失误。

二是对关系长远和风险性的问题，应当慎重决策。对那些制定长远规划、目标方向、大政方针等事关长远和全局的决策，“一把手”要有战略眼光，既立足现实，又着眼未来，作出准确决断。这类的决策具有指导性和预见性，应当持慎重态度。特别是对那些针对性和不确定性因素较强的风险性决策以及牵一发而动全身的关键性决策，要反复斟酌，周密权衡。有的应准备几套方案以备筛选，有的可作出渐次决断，留有反复运筹的时间，等看准了再决断。对这类情况，即使作出了正确决策，出台也要把握时机，如果时机不成熟，也可能造成负面影响。

三是对突发性问题要果断决策。对时效性比较强的突发性问题，要审时度势，当机立断，果断决策。“当断不断，必受其乱。”如果在关键时刻优柔寡断，就可能贻误时机，造成被动。我们所讲的果断，不是武断，而是在掌握方向、明确目标的情况下，抓住火候、不失时机地作出正确决策。这就要求“一把手”应当具有敏锐的洞察力、准确的判断力、灵活的应变力和果敢的决断力，克服明哲保身的思想，敢于担当，敢于负责。决策条件成熟时，即使有不同意见，也要当机立断，避免优柔寡断，议而不决，错失良机。

四是注意跟踪决策。一个决策往往是根据当时当地的情况作出的，不可能一劳永逸、一成不变，特别是在问题复杂、多变的情况下，也不可能以不变应万变。这就需要领导干部对决策实施情况进行跟踪观察，可采取收集反馈信息、派人专题了解、召开碰头会等多种方式，看决策是否正常执行，有何问题和偏差，应采取哪些弥补措施。一旦发现问题或偏差，应适时进行修正和调整，使其不断完善，确保决策的正确性和有效性，从而把决策推向更高层次。

决策的过程往往是决策者经受考验的过程，既有对知识、能力的考验，也有对品格、境界的考验。只有把科学的认知能力与坚强的党性原则统一起来，做到既正确把握客观规律，又敢于坚持按客观规律办事，甚至不惜承担必要的风险，才能作出符合最广大人民群众根本利益、经得起历史检验的正确决策。

二、提高沟通协调能力，建立共识聚合力

有效的沟通取决于沟通者对话题的充分掌握，而非措辞的甜美。 ——葛洛夫

沟通，是人与人相互之间传递和交流各种信息、观念、思想、感情，以建立和巩固人际关系的综合，是社会组织之间相互交换信息以维持组织正常运行的过程。协调是行政管理人员在其职责范围内或在领导的授权下，调整和改善组织之间、工作之间、人群之间的关系，促使各种活动趋向同步化与和谐化，以实现共同目标的过程。

沟通是协调的条件和手段，协调则是沟通的目的和结果，两者相辅相成。社会性决定了人与人之间的合作，而合作的前提就是沟通与协调。没有沟通协调，人们之间就不会形成共识，就不会形成协调人类社会各种关系的规则，就不会形成道德和各种法律规范。沟通协调是提高行政效率的保证。没有沟通协调就没有效率，部门与部门之间要加强沟通协调，理顺工作关系，形成工作合力，才能促进各项工作和谐高效运转，否则，沟通不畅，就会推诿扯皮，延误工作。

一个单位、一个部门因为资源限制和职能不同，要与其他单位和部门协作，共同发展。一个成功的党员干部，要像一个高明的厨师一样，将味道调得恰到好处，使各方满意，进而形成合力，最终功到自然成。

（一）提高沟通协调能力需要努力提高自身素质。一是树立服务观念，强化领导干部的职业形象和政务礼仪意识，它是树立威信、提

高协调沟通能力的思想基础。

二是提高政策理论业务水平，是提高协调沟通能力的关键。理论使人深刻，政策使人清醒。只有具备了较强的理论政策素养，才能熟悉党的路线、方针、政策和上级的指示精神，形成科学的世界观，站在全局的高度思考问题，从而提高出谋献策的层次和能力，在实际工作中不做出格的事，不说出规的话，在事关原则性的问题上，毫不含糊，敢于坚持真理，才能使人敬佩。

三是打造较强的业务工作能力。只有具备比较高的业务工作能力，才能更好地履行领导干部的职责。努力学习认真提升自己的五种能力：调查研究能力、语言和文字表达能力、组织协调能力、快速反应能力和行政执行力，才有提高协调沟通能力的保证。

四是着力培养自己高尚的道德修养和健康心态，有反腐倡廉坚强作风和深入细致、求真务实的工作作风，才在群众中有口碑。

五是注重培养自己卓越情商，构建和谐的上下关系，要更广宽地拓展知识面，精通本职业务，做到职内外知识要了解，有关知识要明确，相关知识要掌握，从而提高出谋献策的层次和能力，为社会多做贡献，得到社会和别人的认可。

（二）认真掌握好沟通协调的主要方法。在工作中要注意讲究策略，就是知己、知彼、权变。知己要认识自己、把握自己；知彼要了解别人并善待他人，对别人的道德品行、工作作风、需求好恶、性格特点、生活习惯、知识结构、工作能力、思维方式等都要知道；权变就是权利弊而随机应变，因人因时因地调整沟通协调策略。

一是与上级沟通。与上级沟通时，应注意事先整理好要谈的话题，并选择好沟通的时机；沟通过程中，要能够准确理解和领会上级的意图，并能针对问题提出解决方案；当与上级意见不同时，要尊重上级做出的决定，并积极执行；完成工作或解决问题后，要及时作汇报。

二是与班子成员的沟通。领导干部要与班子成员沟通顺畅，首先要懂得尊重，尊重他人等于尊重自己，只有相互尊重才能达到相互理解，团结一致，取得支持；其次要有宽阔的胸襟，就是要容人容事，能够宽容他人的缺点和不足，变冲突为和谐，化干戈为玉帛，使摩擦减少到最低限度；再次要用真情换真心，班子成员之间要互相关心、互相爱护、互相帮助。在一起共事不容易，要学会关爱同事，让每个人都感受到大家庭的温暖。

三是与下属或群众沟通。可以采用“和缓”的交流方法。安排和检查下属的工作是职能之一，但我们需要注意方式和方法。我们知道，人都有一种被尊重的需要，作为下属，他们更有这种需要。领导习惯于采用命令的方式安排下属的工作，习惯于采用斥责的方式批评下属的工作，这都是非常有害的。工作中我们需要有意识地尽量“淡化”上下级差别，采用“建议”或“安排”的口吻来安排工作一定会比“命令”更有效；采用“晓之以理，动之以情”的方式来指出下属的过失或不足一定会比“斥责”更管用。有些人担心自己的“威信”会不会因为自己这种“和缓”的交流方式而变得荡然无存，其实这种担心完全是多余的；恰恰相反，您的下属只会越来越尊敬您。

四是在工作执行中的沟通。首先要尊重指令传播环节，切记不要越级或绕过上级去报告工作，要遵循指挥—汇报链；其次要遵循行政执行的一般程序，即接受任务、分析并拿出办法、实施并办理、总结并反馈。同时要注意，不要加入到说三道四和流言蜚语中去；要直接与他人沟通；冲突时，焦点要针对问题，而不是个人；当处于错误的情况时，千万不要试图顽固到底，而要向人致歉以结束争论；同时，还要学会换位思考。

（三）灵活运用好沟通协调的技巧艺术。沟通协调是做人的工作，不同的人沟通效果大不相同，因此，必须注意掌握沟通技巧，提高协调艺术。

注意场合，选择时机，事半功倍。与领导干部沟通，要注意场所、选择时机。注重方法的变通，方法正确才能减弱或者消除对方的戒备心理。要根据领导干部不同的情绪状态和个性而采取适当的沟通方法，因人因事因地而用：直接指出问题所在，表达自己的态度和观点的方式；旁敲侧击，暗示下属；转移注意，在谈笑之中让下属明白你的意思。避免直接的对立面，好让别人接受。

坦诚相待，冷静谦和，切忌急躁。在工作中，下属要赢得领导的肯定和支持，很重要的一点是要让领导感受到你的坦诚谦虚。工作中的事情不要对领导保密或隐瞒，要以开放而坦率的态度与领导交往，这样领导才觉得你可以信赖，他才能以一种真心交流的态度与你相处。作为领导，应该降低自己的姿态，真诚谦虚，不要以先知者和必胜者的心理自居，不要老是一副严厉的面孔，用一种朋友间沟通的平等心态去和下属沟通。

了解内心，发挥人缘和情感作用。不管领导者还是被领导者，他首先是一个人，作为一个人，他有他的性格、爱好，也有他的作风和习惯。对对方有个清楚的了解，是为了运用心理学规律与对方进行沟通，以便更好地处理上下级关系，做好工作。人性中有一种最深切的秉性，就是被人尊重的渴望。与人交往时要永远记住，人都希望别人恭维他、赞扬他。你要找出领导干部的优点和长处，在适当的时候给别人诚实而真挚的尊重。

主动沟通，加强互动，合理处理下属的合理需求。平时多关心同事，正式场合的交流能够了解的更多的是下属的工作情况，多安排非正式的沟通渠道：闲聊、联欢会、内部活动等互动活动。在沟通的过程中，应注意做到以下几点：要知晓别人的优点和长处；与人交谈时，微笑是最好的语言，倾听胜过长篇大论；别探听别人的私事，无意中知道了，也要放在心里当成秘密；别人的赞美好比香水，闻闻可以，若当了真，喝下去可就惨了；坦然承认别人指出的你的不足，这样，他们只会更尊重你而不是轻视你。建立直接上报的渠道开辟表达需求的空间，满足合理需求，应该让下属看到你的办事效率，增强下属单位的信任，在做出分析后，尽快满足下属的合理需求。

均衡关系，着重劝慰，团结为上。与上级沟通的意义在于工作上能得到正常的支持，遇上困难能得到帮助和化解，个人价值能得到上级的肯定，只有相互支持和良好合作才利于搞好工作，至少不能让上级整治下级给小鞋穿；与下级沟通的意义在于有利于调动下级的工作积极性、主动性、创造性，提高工作能力实现目标，有利于增强凝聚力，实现组织系统的最佳效能。与上级沟通协调时，应该服从而不盲从，尊重而不奉迎，以大局为重不计个人得失，尽职做好本职工作而不越位，在上级之间保持中立等距离外交，一样的支持、服从、对待。与下级沟通协调时，应该以人为本、做好服务，要注意拉大能力距离而缩小感情距离，大事要讲原则，小事要讲风格。正职与副职沟通协调时，应该授权、放权、不越权，支持、依靠、不撒手，关心、揽过，不诿过；副职与正职沟通协调时，应该甘当绿叶、不争，找准位置、不推，当好参谋、不懒。当部门、个人利益与总体利益有冲突时，需要优先考虑总体的利益；当同级部门有困难时，需要主动地予以支持，因为“助人实际上就是助己”；当个人利益与下属利益有冲突时，需要优先考虑下属的利益。这样，沟通协调才能成功，工作才能顺利推进。

三、掌握谋事成事之道，提高调查研究水平

知屋漏者在宇下，知政失者在草野。 ——王充

调查研究是我们党的优良传统，也是我们党一贯坚持的工作方法；调查研究是做好各项工作的基础，也是我们各级干部应有的基本功。深入开展调查研究，有助于我们了解实际情况、听取群众意见、发现和解决问题，提高工作的预见性、针对性和实效性，更好地推进各项工作。

习近平同志指出：“调查研究是谋事之基、成事之道。没有调查，就没有发言权，更没有决策权。”研究问题、制定政策、推进工作，刻舟求剑不行，闭门造车不行，异想天开更不行，必须进行全面深入的调查研究。

领导干部只有搞好调查研究，才能发现问题或提出问题，进而分析问题和解决问题。调查研究既是领导工作的重要内容，也是领导工作的重要方法，是领导干部应当具备的重要基本功。领导干部搞好调查研究须从以下几个方面努力：

一是选好调研的主题。从大处着眼，全局着眼，抓住重点，选择带有全局性的重大问题进行调研，围绕党的路线方针政策和中央重大

决策部署的贯彻执行，深入研究影响和制约经济社会持续健康发展的突出问题，深入研究人民群众反映强烈的热点难点问题，深入研究党的建设面临的重大理论和实际问题，深入研究事关改革发展稳定大局的重点问题确定调研课题，使调查研究工作同中心工作和决策需要紧密结合起来，更好地为各级党委和政府科学决策服务，为提高党的领导水平和执政水平服务。因为领导干部的调查研究，直接目的就是要决策，为决策提供目标和依据。经济社会发展中的问题方方面面，领导干部特别是主要领导干部调研什么，本身就意味着下一步的决策。所以，选好题目、找准问题是重要的一步。

二是深入基层深入群众。不能走马观花，而需扎扎实实。俗话说："入深山采好药，临深池钓大鱼"。守在机关搞不好调研，坐在小车里搞不好调研，身在下面，却浮在上面的"井中葫芦"，同样搞不好调研。必须到广阔的社会生活中去，深入工厂农村，深入居民群众，掌握第一手资料，掌握真实情况。既要"身至"，又要"心至"，走到别人没有到过的地方，深入到走访对象的心里，达到别人没有深入的程度，才能得到别人得不到的调研成果。

深入基层调查研究，方能掌握第一手真实情况。浮光掠影，很难听到真实的情况，甚至会以讹传讹。要主动把脚从办公室里解放出来，从空调屋子里解放出来，从听汇报看材料中解放出来，经常下到企业和学校，走进农村和社区，走到群众中间去，听一听群众的心声，看一看生产一线的情况，才能掌握第一手的资料。要蹲点调查，入户查看，"解剖麻雀"，防止浮光掠影，蜻蜓点水，走马观花。对存在的问题，不仅要了解问题的现状，还要了解问题的历史，追溯其发展的轨迹和演变过程，把来龙去脉弄清楚。

深入群众，要放下架子，摆正位置，从内心树立向群众学习的谦虚态度。与基层群众打交道，就像地里的麦穗，身子越低，分量就越重。扎实的调研态度要求各级干部踏踏实实沉下去，进得了群众的屋，吃得了百姓的饭；能上百姓的炕头聊天，也能下农民的地头问苦。群众感受不到官架子，才能打开话匣子，反映真实的情况。

“大跃进”时期，时任副总理的彭德怀住进彭家围子自己的旧居与群众连夜谈心。当有干部谈到粮食亩产过千斤时，他立即同大家来到田边，打着手电筒，蹲下身来，拔起一兜禾茬，数一兜禾上有多少株稻秆、每个穗上有多少颗稻谷，细心计算每亩地的产量。有了这种深度“潜水”的态度和方法，自然会听到心声、了解到实情。

下基层调研，要有朴实亲民的作风，形象要朴素，语言要朴实，举止要朴直。习近平 2013 年 11 月到湖南考察，在湘西一个苗族村寨，他看望贫困村民施齐文夫妇，不仅走进两位老人睡觉的小木房，揭开米仓盖子察看，还走进猪圈看老人家里养的两头猪。总书记与群众交流，诚恳率直，一下子拉近了与群众的距离，以出现了女主人问他“怎么称呼您？”的精彩一幕。

应该轻车简从、务实低调。要坚持少一些提前打招呼，多一些微服私访；少一些预定走访，多一些临时停车；少一些领导陪同，多一些单刀直入。悄悄地来、静静地去。一切只求简便易行，不给基层增负担，要向基层群众展示务实的工作态度，维护领导干部的良好形象。

尽力掌握调研活动的主动权，调研中可以有“规定路线”，但还应有“自选动作”，看一些没有准备的地方，搞一些不打招呼、不作安排的随机性调研，直接走村串户，直接到田间地头的生产一线，力求准确、全面、深透地了解情况，避免出现“被调研”现象，防止调查研究走过场。这种调研有如一股春风，洋溢着阵阵暖意，少了以往面对领导时的拘谨，更多的是聊家常般的温馨，他们自然也就敞开心扉、一吐为快了。

三是有科学管用的方法。搞好调查研究，不但要有正确的态度，也要有正确的方式方法。掌握科学的调查方法。没有正确的调查方法就没有成功的调查。掌握了好的方法，事情就容易迎刃而解。调查研究这么庞大而细碎的工程，方法尤为重要。调查研究的方法不当，获得的认识常会失真。只有学会了“举一而反三，闻一而知十”，才能“用功之深，穷理之熟，然后能融会贯通”。调查研究的方法主要是指实施调查的具体手段、方式和途径。调查研究的方法很多。从调查的方式方法上看，有全面调查、非全面调查、重点调查、专项调查、实地调查等。

从调查的手段上看，有查阅法、观察法、开会调查法、信访调查法、问卷调查法等。从现代科学调查方法上看，有统计调查、抽样调查、专家调查、民意测验等。领导干部要掌握各种调查的方法，根据不同的题目、不同的调研对象采用不同的方法。同时，能够灵活地把各种调查方法结合起来综合运用。

调查研究方法也要适应新形势新情况特别是当今社会信息网络化的特点，广泛借助现代科技手段，进一步拓展调研渠道、丰富调研手段、创新调研方式，学习、掌握和运用现代科学技术的调研方法，积极使用现场访问、统计调查、电话调查、网络调查等先进方式，综合运用经济学、社会学、信息论、系统论、控制论等方法，对调研对象进行广角度、深层次的系统研究，努力增强调查研究的科学性和时效性。

四是拿出解决问题的对策。干部调查研究的直接目的不是做学问，而在于解决问题。衡量调查研究搞得好不好，主要在于能否提出解决问题的对策办法。要站在全局的高度思考问题，站在发展的高度研究问题，提出解决问题的思路和办法；既要注意发现倾向性、苗头性问题，又要善于总结基层和群众创造的成功经验。对策既要有适度的超前性，又要有针对性、有可操作性；对策要能解决当下的问题，同时又符合长远发展的要求；对策要能解决此类问题，同时还不能按下葫芦浮起瓢，引发更大的矛盾。

在对策的问题上，如果调研得出的对策建议不痛不痒，针对性不强，不解决问题，没有可操作性，或者调研停留在表面，就是对存在现象的同义反复。这样的调研，效果就会大打折扣。

还要注意落实，调研的目的是为了了解情况、解决问题、推动工作，因此要抓好督办，运用好调查成果，狠抓落实，促进工作。要提倡和推动各级领导干部把调查研究的过程变成解决问题的过程，善于在直接联系群众中解决好群众的生产生活问题，善于在下基层、搞调研的过程中为基层办实事做好事，帮助基层解决实际困难和问题。

四、发扬钉钉子精神，慎始敬终抓落实

要抓实，再抓实，不抓实，再好的蓝图只能是一纸空文，再近的目标只能是镜花水月。——习近平

抓落实是做好工作的关键环节，再好的思想，再振奋人心的目标，离开落实都只能是空谈。只做决策不抓落实，决策就失去了意义，再

美好的蓝图也只是纸上谈兵。对于各级党员干部来说，抓落实是一种基本素质，一种必备的作风，一种能力的检验。

然而，现实中仍有一些干部抓落实态度不端正、措施不得力、作风不过硬，致使上级的决策部署得不到有效贯彻执行，影响了工作和事业发展。其中最为典型的是习惯于简单地“以会议落实会议”、“以文件落实文件”，开了会，发了文件就认为已经落实了，就完事大吉了。为此，习近平在讲话中引用了一副对联，上联是“你开会我开会大家都开会”，下联是“你发文我发文大家都发文”，横批是“谁来落实”，对“文山会海”这种行为进行了严肃批评。贯彻落实离不开会议与文件，但会议与文件不等于贯彻落实。

显然，以这样的态度、这样的措施、这样的作风不可能抓好落实、做好工作。

反对空谈、强调实干、注重落实，是党的一个优良传统。对于抓落实的极端重要性，党和党的主要领导人先后都有过很多精辟的阐述。毛泽东要求共产党员一定要有“认真实干”的精神，强调“一件事不做则已，做则必做到底，做到最后胜利”，“什么东西只有抓得很紧，毫不放松，才能抓住。抓而不紧，等于不抓”。邓小平倡导“少说空话、多干实事”，凡事都“要落在实处”，“开会、讲话都要解决问题”。习近平强调，“要抓实、再抓实，不抓实，再好的蓝图只能是一纸空文，再近的目标只能是镜花水月。”

“一分部署、九分落实”，强调的是科学的决策确定后，需要花更多的心思、投入更大的精力来抓落实；强调的是好的思路、好的政策、好的措施要达到预期效果，必须在狠抓落实上下功夫。

以务实的作风抓落实。作风务实，工作落实。狠抓工作落实，必须有良好的作风作保证。没有过硬的工作作风，抓落实就会流于形式，到头来还是一句空话。抓落实必须扑下身子真抓实干。

抓落实需要接“地气”。各项政策措施落实了没有，落实得好不好，基层群众最有实际感受。深入实际，深入基层，把党的政策、决定变成人民群众的自觉行动，这是落实工作的一个重要方面。

抓落实的重心要放在基层一线，解决落实不到位问题的思路和办法要到基层和群众中去寻找。党员干部要眼睛向下看、身子往下沉，深入基层、深入群众开展调查研究，及时了解在上面难以听到、不易看到和意想不到的新情况新问题，掌握第一手资料，查找问题根源，向群众问计问策，把领导意志和群众意愿相统一。这样，落实工作才能顺应民意，合乎群情，落实起来就有群众基础、就能顺利实施。

要真抓实干不怕苦。抓落实是一项“苦差”，要发扬“一不怕苦、二不怕难”的拼搏精神，自觉培养以苦为荣、以苦为乐的思想，才能下基层不怕艰苦，抓工作敢于吃苦，求实效认真刻苦，以此换得工作的落实。

以严谨的态度抓落实。任何工作只有具体才能深入。落实的实质是解决问题，而具体化正是解决问题的重要前提。具体问题没有解决，即使声势再大、形式再好，最终还是“落空”。

在一些地方、部门和单位，许多问题客观地存在着，之所以看不到、想不到、抓不到，解决不了，一个重要原因就在于失之于“粗”，失之于“虚”，工作抓得不具体不细致不扎实。天下大事必作于细。抓落实的过程，也是一个积小胜为大胜、积跬步至千里的过程。从细处入手，落实才会日见成效。

因此，从具体事情抓起，就是要把原则要求变成可操作的具体措施，把目标任务变成实实在在的工作项目。每项措施、每个项目都要有方案、有要求、有载体，明确责任主体、明确时间进度，一项一项地分解，一件一件落实，决不能大而化之。在工作推进中，哪个阶段要办什么事，采取什么措施，达到什么目标；谁来办、怎样办，都要心中有数，落实到位。

以科学的方法抓落实。方法不当，事倍功半。实践证明，有些工作落实不了或不好，与方法不当关系很大。因此，抓落实必须讲究科学的方法。

要善统筹。做到抓主要工作兼顾相关工作，抓特色工作不忘全面建设，抓点上突破务须面上推广，处理好主要与次要、特色与全面、点上与面上的关系，使各方面工作协调发展，相互促进，相得益彰。

要抓大事。工作落实都有主次先后、轻重缓急，只有按照先主后次、先急后缓、先重后轻抓落实，才能收到事半功倍之效；要善于抓大事、议大事，突出重点、破解难点，解决主要矛盾，牵住“牛鼻子”，集中力量，着力解决牵动全局的主要工作、事关长远的重大问题、关系群众切身利益的紧迫任务，以重点突破促整体推进。

要会“结合”。深刻领会上级决策部署的意图，摸清具体实际，把上级的指示精神同本单位的实际结合起来，既要对上负责，更要对下负责，既要符合上级精神，也要吻合基层实际。

抓落实，必须把“上情”与“下情”有机地结合起来。真正的落实要在吃透中央精神、领悟上级意图的基础，确保中央和上级政令畅通上，结合本地区、本部门的实际情况创造性地去“八仙过海，各显其能”，提高抓落实的针对性和实效性，创造性地开展工作。

依靠制度抓落实。建立目标责任制和责任追究制，形成科学的工作机制，使任务明确，职责清楚，各司其职，有赏有罚，纪律严明，提高落实的质量和效率。要善于调动全员参与的工作积极性，听取不同声音、吸纳更多意见，发挥团队作用，依靠集体力量，做到“人人有担子，个个有事干”。要加强协作，搞好配合，上下之间、横向之间密切配合，心往一处想，劲往一处使，形成强大的整体合力。

以钉钉子的精神抓落实。钉钉子往往不是一锤子就能钉好的，而是要一锤一锤接着敲，直到把钉子钉实钉牢，钉牢一颗再钉下一颗，不断钉下去，必然大有成效。如果东一榔头西一棒子，结果很可能是一颗钉子都钉不上、钉不牢。做工作、干事业又何尝不是如此呢？习近平总书记反复强调，“要发扬钉钉子的精神”，不折腾、不反复，切实把工作落到实处，做出经得起实践、人民、历史检验的实绩。

抓落实，贵在持之以恒，也难在持之以恒。有些地方、部门和单位抓落实之所以成效不佳，往往与缺乏经常抓、反复抓、持久抓有关。如果抓一阵子松一阵子，热一阵子冷一阵子，不能一抓到底，那就很难把工作落实好。

抓落实就要抓全程，抓全程就要有一种一以贯之的精神。不能容易的就抓，难的就放，碰到“硬骨头”就绕。要一抓到底，把简单的事情一次又一次地重复做好，克服工作中遇到的各种困难，把复杂的事情办好，把难办的事情办成。一项工作最终落实到位，也要历经曲折，不可能毕其功于一役，必定会遇到形形色色的障碍和阻力。有些问题今天抓了有一定成效，明天又可能出现反复甚至倒退。因此，抓落实必然是一项经常的、细致的、艰苦的、一点一滴的工作，非下真功夫、硬功夫、细功夫不可，需要抓反复，反复抓，多杀几个回马枪，才可能将工作落到实处。

抓落实不是空对空，更不是写在纸上，喊在嘴上，摆在面上，而是要讲求真务实，讲实干、苦干，巧干，注重抓落实上的实际效果。党员干部要发扬钉钉子的精神，以踏石留印、抓铁有痕的劲头抓落实，把落实体现在发展的实践中、执政的行为上和改革的举措里，不折腾、不反复，一步一个脚印、稳扎稳打向前走，切实把工作落到实处，不断积小胜为大胜，做出经得起实践、人民、历史检验的实绩。

五、干部是干出来的，在学中干在干中学

学来的本领，谁都偷不走。 ——曾仕强

真刀真枪地苦干实干，才能成长为好干部。党的好干部，个个都是实干家，从焦裕禄、孔繁森，到杨善洲、沈浩，个个都是干字当头、埋头苦干，“风里来雨里去”，和群众一块苦、一块干。

干事是一个人成长进步的前提。一个人只有通过干事，才能增长才干，增长智慧；一个党员干部只有多干事、干成事，才能为群众所认可，为工作所需要，才能在更宽广的舞台上展现自己。

党员干部的党性修养、思想觉悟、道德水平、业务能力、工作水平不会随着年龄的积累而自然提高，也不会随着职务的升迁而自然提高，要成为好党员好干部，就要坚持终身学习，改造主观世界，加强自我修养，接受实践锻炼，善于总结反思，提高本领素质。

一是通过勤于学习提高本领。不学无以广才，不学难以为政。不重学则怠，不好学则退，不善学则衰。只有具备多方面的知识，才能

跟上时代前进的步伐。面对知识加速折旧、信息日新月异、社会急剧嬗变的新形势，“一年都不读几本书，甚至几年都不读一本书”的干部，是不可能成为好干部的。把学习作为一种政治责任、价值追求和神圣职责，不仅是好干部应有的精神状态，也是成就事业的必然要求。

学习是文明传承之途，人生成长之梯，也是政党巩固之基，国家兴盛之要。重视学习、善于学习，是党的优良传统和政治优势，是党始终走在时代前列的重要保证。同过去相比，今天干部的学习任务不是轻了，而是更重了。当前，干部遇到的问题中，有些是老问题，或者是长期努力解决但还没有解决好的问题，或者是有新的表现形式的老问题，但大量是新出现的问题。新问题每时每刻都在出现，而且多数又是我们过去不熟悉或者不太熟悉的。干部要认识好、解决好这些问题，唯一的途径就是增强自己的本领。

身处瞬息万变的现代社会，不加强学习，不能突破自身的能力局限和知识局限，很快就会被甩在时代后面。现实中，一些干部在面临复杂情况时有想法没办法，面对新生事物时有胆识没知识，筹划未来发展时有理想没理论，最终导致工作局面处处捉襟见肘，有干劲没干法，有苦劳没功劳。结果是虽然做了工作，有时做得还很辛苦，但不是不对路子，就是事与愿违，甚至搞出一些南辕北辙的事情来。这就叫新办法不会用，老办法不管用，硬办法不敢用，软办法不顶用。同过去相比，今天干部的学习任务不是轻了，而是更重了。本领不是天生的，是要通过学习和实践来获得的。

学习是前进的基础、事业的基石。事有所成，必是学有所成。党员干部只有加强学习，才能化解能力危机、纾解本领恐慌、跟上时代步伐，从而提高工作效率和执政水平，这是个人发展和事业兴旺的根本之道。

行政管理工作内容纷繁多样，而且经常面对新情况新问题，需要干部有较强的综合能力和多样化的知识结构。要坚持读书学习、读好书学习好，锤炼道德操守、提升思想境界，提升品格修养，培养高雅情趣。要学好现代科学知识和管理技能，常思能力不足，常怀本领恐慌，常找学习差距。要精通专业的，熟悉相关的，了解必需的；要坚持干什么学什么、缺什么补什么的原则，有针对性地学习掌握做好领导工作、履行岗位职责必备的各种知识，多学与本职工作相关的新理论、新知识、新技能、新规则，努力使自己真正成为行家里手。

二是通过勤于干事提高本领。实干是干部成才之途。实践出真知，工作最能磨炼人。三国时期，蜀国的马谡才气过人，是一个智谋之士，为诸葛亮所器重。但马谡只长于纸上谈兵，没有带兵打仗的实战经验，最终导致蜀军在北伐关键一役中失掉了战略要地街亭，成为蜀军北伐失败的罪人。

同样是三国时期，吕蒙从行伍起家，学识不深。但他久经军务历练，拥有丰富的实战经验。后来他发愤读书，在实践的基础上，他的才识长进一日千里，使鲁肃惊呼“卿今者才略，非昔日吴下阿蒙”。后来他奇袭荆州，击败关羽，成为一代名将。可见，成才没有捷径可走，年轻干部只有经过实际工作的历练，才能走向成熟，堪当重任。

干事是一个人成长进步的前提。一个人只有通过干事，才能增长才干，增长智慧；一个干部只有多干事、干成事，才能为群众所认可，为工作所需要，才能在更宽广的舞台上展现自己。

在实干中提升能力，先要在小事上历练，从小事入手，从身边事做起，从平常事做起，把群众最盼望的小事干好了，把群众反映的小问题解决好了，才能在大事上锻炼，才能在难事上磨炼，才能保证大小工作经得住群众的检验。

勤于干事可以提升能力。问题只有在“干”中才能解决，办法只有在“干”中才能找到。能力是干出来的，是学出来的，没有捷径可走，只有认真刻苦学，甩开膀子干，才能长见识、增才干、提能力。只要清正为民干在实处，提升能力用心干，成效就一定会有。

积极干事，才能排除困难，提高解决问题的能力。“扫帚不到，灰尘不会自己跑掉”。面对困难，要敢于迎难而上，以实干破解难题。万事开头难，只要扎扎实实地去干，就能逐渐熟悉情况，掌握规律，很多问题也会一步步地迎刃而解。这样就会积微壤成泰山，汇细流为江海。

一个人能力有限，但潜能巨大。勤奋是关键。俗话说“勤能补拙”，勤奋的人就是看到了自己的不足、自己的差距，靠闻鸡起舞、笨鸟先飞的精神来提高自己，用执着进行弯道超车，跳起来摘桃子。因此，要虚怀若谷、好学敏行，点点滴滴地学，扎扎实实地干。遇到困难不退让，多磨炼一回；遇到问题不回避，多承担一点；遇到挫折不放弃，多坚持一下；遇到失败不推卸，多反思一些。勇于在干事中练胆识，在本职岗位上经受锻炼。“实践是最好的老师”。通过工作实践，人们可以发现不足和自身存在的问题，最终达到不断总结提升完善自我的目的。

三是通过勤于总结提高工作本领。总结是一种有效的工作方法。经常总结的人，才可能经常创新，才可能不断进步。总结伴随着党员干部的工作生涯。为了做好工作，我们通常要在年终、月底，抑或一项任务收尾之时，及时总结个中经验教训和得失成败，从而不断改进工作方法，保持强劲动力，确保以后各项工作有新的有效措施和途径。

勇于实践，善于总结，是党员干部不断提高工作能力的重要途径。一个聪明的干部总是重视总结，把经历当财富，对经验，多交流学习，对教训，多吸取，防止再犯，从而受益终身。党员干部要善于总结，不要让总结流于形式。

养成反思总结的习惯。凡事都要有恒心，不断地分析、不断地反思，这样才能够获得成长。要善于通过严查深究，举一反三，以点带面，由表到本，来推动工作的持续改进。在一个时间节点或关口，我们要及时对前一段时期工作开展情况进行全面回顾与反思，逐项总结得失、找准差距、剖析原因、明确措施，在今后的工作中加以纠正和改进，以达到固强补弱的目的。我们要学会在工作一天之后静下心来问问自己：今天的工作哪些做得较好、哪些做得还不够？做得好的要坚持，做得不够的要想办法改进。

坚持在研究状态下工作。总结的过程是融会贯通、学以致用的过程。有所思才能有所得，思之越深，所得也会越多。所学的知识只有经过思考，才能被消化、被吸收、被自己所拥有。当今这个社会，已不是靠加班加点就能当好领导、做好工作，靠老经验办事的领导方式和工作方式也明显落伍。当今，做好工作要有理性的态度，要有学习型的素质，这就要在工作中体现出把自身的行为和自主的反思总结融为一体，形成研究式的工作状态。各级党员干部，都需要时时、事事、处处以研究的心态去工作，改变日复一日“推磨式”应付日常事务的工作方式，养成动脑用心的研究式工作习惯，善于从细微处入手，应用逆向思维从多角度验证，及时察觉存在的错误行为和问题，这样做工作方能事半功倍。

有实事求是的态度。用批判和审视的眼光看待自己的思想、观念和行为，并作出理性的判断和选择，在这个过程中，实事求是的态度很重要。要正确地分析、驾驭形势，不断地探索事物发展的内在联系，不断地发现问题、研究问题、解决问题。要把经验与教训结合起来，既要从成功中总结规律，又要做到“吃一堑长一智”；要抓住主要矛盾、抓住矛盾的主要方面，逐一地去研究、去解决、去突破。